Nunca
de mí te vas

COLECCIÓN ESPEJO DE PACIENCIA

EDICIONES UNIVERSAL, Miami, Florida, 1997

Matías
Montes
Huidobro

Nunca
de mí te vas

poemas

--EDICIONES UNIVERSAL

EDICIONES UNIVERSAL
P.O. Box 450353 (Shenandoah Station)
Miami, FL 33245-0353. USA
Tel: (305) 642-3234 Fax: (305) 642-7978

Library of Congress Catalog Card No.: 97-60763
I.S.B.N.: 0-89729-843-8

Dibujo en la portada por Gemma Roberts

PROLOGO

De forma dispersa han ido apareciendo mis poemas en aventuras y sueños líricos que van de La Habana a Honolulú, pasando por Newark, Miami, Colorado, Nueva York, Puerto Rico, Barcelona, Buenos Aires, Bolivia, y no sé si por alguna otra parte. Perdidos los poemas en una producción dramática, narrativa y ensayística más abundante, decido finalmente poner algún concierto en esta diáspora y los reuno en este poemario.

Quisiera aprovechar esta oportunidad para hacer algunos comentarios y expresar mi reconocimiento a algunas personas que se han interesado en mi poesía. El primero en hacerlo fue Carlos Franqui, que publica en el segundo número de *Nueva Generación*, en l950, mi poema "El campo del dueño". Muchos años después, el poeta rumano Stefan Baciu da a conocer en *Mele,* **Cuadernos Internacionales de Poesía,** el único poemario que he publicado hasta la actualidad, y cuyo título *La vaca de los ojos largos* tomo de un verso del poema mencionado. Stefan Baciu afirma en el prólogo, y ojalá tenga una pizca de razón, que "armoniosamente, el cuentista, el autor teatral y el poeta se dan la mano de tal manera, que queda, dentro de su generación, como una figura singular que toca un mismo concierto usando tres instrumentos diferentes." Por muchos años, debido a la gentileza de Stefan Baciu, doy a conocer mis poemas en *Mele,* cuadernos de poesía que publica el escritor rumano desde Honolulú, bajo muy difíciles circunstancias, dándole nombre y prestigio a la Universidad de Hawaii, pero sin recibir nunca el merecido reconocimiento.

A partir de ese momento, mis poemas aparecerán en diversas antologías publicadas en la Argentina; una de ellas por Mario Marcilese en 1969, y otras dos al cuidado de Oscar Abel Ligaluppi, en 1978 y 1987. Mientras tanto un grupo de poetas reunimos varios de nuestros textos en una colección que se llamó *Poesía Compartida,* en Miami en 1980. Entre estas publicaciones agradezco en particular mi inclusión en *La última poesía cubana,* preparada por el poeta cubano Orlando Rodríquez Sardiñas. La importancia de este libro no ha sido debidamente reconocida por la crítica, ya que es la primera antología que, desde 1973, unifica las dos vertientes de la lírica cubana, con textos de poetas que estaban dentro y fuera de Cuba, y yendo más allá de discrepancias ideológicas. Finalmente, debo mencionar a Luis González-Cruz que en 1974 me entrevista y traduce al inglés algunos de mis poemas en *Latin American Literary Review* y a Pablo Le Riverend que realiza una importante contribución bibliográfica en su *Diccionario biográfico de poetas cubanos en el exilio* en 1988.

En cuanto a algunas consideraciones críticas, Carlos M. Raggi, en la revista *Círculo* (Summer, 1970, 87-89) opina que "rechazo las imágenes" y que "mi poesía se desliza natural, descifrable, verbal. Sigue la corriente postmodernista que proclama lo innnecesario del adjetivo postizo y sólo acude a él para determinar los substantivos que así lo requieran". Jorge Febles comenta, en una reseña que aparece en *Hispania* (Sept., 1983, 443) con motivo de la publicación de *Poesía Compartida,* que consigo "ritmos llamativos a base de la puntuación y una controlada ruptura sintáctica". Para Silvia Burunat en *Biographical Dictionary of Hispanic Literature in the United States,* (New York: Greenwood Press, 1990, 309-314) el "geographical disarray discerned in poetry by Matías Montes Huidobro also encompasses the solitude of the poet who is always marching down abstracts and indifferent roads". A esto tendría que agregar un comentario de Victoriano Cremer, que dejo para la contraportada, y que tiene la validez de la distancia en el tiempo, el espacio y la ausencia de relación personal.

Reconocimiento muy especial merecen los profesores Jorge Febles y Armando González-Perez por reunir en *Matías Montes Huidobro: Acercamientos a su obra literaria* (Mellen Press, 1997, 258 pp) la más completa información crítica publicada hasta la fecha sobre mi obra creadora, incluyendo un texto del profesor Jorge J. Rodríguez-Florido donde analiza mi otredad lírica dentro de un recorrido crítico-biográfico de relaciones familiares en el que ahonda con la precisión de un buen crítico y la generosidad de un mejor amigo.

Es muy difícil, cuando no imposible, delimitar la cronología exacta de estos textos, salvo en algunos casos, ya que cubren un extenso período de tiempo, aunque en última instancia todo buen poema, si lo hay, trasciende los límites que implica cualquier cronología. La publicación previa puede dar una idea de la fecha aproximada. Sujeto a múltiples revisiones cada vez que lo he vuelto a escribir, la fecha original pierde su validez. Esto ocurre, por ejemplo, con "Retrospectiva", algunos de ellos de la década del cincuenta, pero sometidos a revisiones recientes. "Cordón umbilical" corresponde a un ciclo que empieza en 1974 y culmina con la muerte de mi madre en 1986. Los del "Nocturno bogotano" se escriben de un solo golpe en 1975. "Presencia de eros" incluye poemas de un impreciso período de tiempo, aunque en su versión original casi todos aparecen en *La vaca de los ojos largos*, de

7

1967; mientras que los poemas de "El insomnio de eros" se escriben en 1994 y 1995.

Pospuesta su publicación infinidad de veces, los poemas han sido agrupados de modo diverso, configurando a veces diferentes poemarios, lo que explica las discrepancias con la ordenación del manuscrito que le remito a Rodríguez-Florido para la elaboración del ensayo previamente mencionado. El título del libro ha variado también y será, finalmente, el que aparezca en la portada de la presente edición.

Matías Montes-Huidobro

El campo del dueño

El campesino va por el campo del dueño
(--Mírame,
mírame tú,
le dice la mujer del campo,
del campo del dueño).
A su lado va la vaca de los ojos largos,
largos,
largos.
Los ojos tristes largos.

El campesino va con su vaca y su perro
por el campo verde del dueño.
(--Bésame,
bésame la saya,
le dice la mujer del campo,
del campo del dueño).
A su lado los ojos largos del niño y del perro,
largos,
largos.
Los ojos tristes largos.

El campesino mira la saya
de la verja del dueño.
(--Del dueño,
eres del dueño,
le dice a la mujer del campo,
del campo del dueño).
Lleva los ojos de la vaca, del niño y del perro,
largos,
largos.
Los ojos tristes largos.

El campesino va por el campo del dueño.

1950

9

CORDON

UMBILICAL

A mi madre

Madre

Madre
no puedo darte mi nacimiento
porque tú me lo diste.
Ni puedo quitarme el mío
porque fue tu ofrenda.
En esa imposibilidad
de la inversión
reside la dimensión de este cariño.
Dar
es el verbo de las entrañas
que nos saca a la luz para cegarnos
en ya no estamos.
Dar
que nada toma
el corazón se llena
con el amor ya dado,
que el dar ha sido tanto
que en el quedar ha sido.
Un nada pido.
Un dar tan grande
por siempre allí quedado.

A mi madre, en largas pausas

Mi madre está en el silencio de la distancia.
Se perfila
              en largas pausas
                            que separa el mar.
Es un abismo de dolor
                            que paraliza mi mano,
un cántico
              que seca mis lágrimas.
Mi madre está en el silencio de la distancia.
Es tan poderoso
                    como un corazón de bronce
                                        sin campanas.
Yo
lo único que puedo darle
son las palabras
de un poema resucitado.
Mi madre está en el silencio de las distancias.

Parto

En nada pido
el parto duele.
Es un encuentro
envuelto
en los adioses de la vida.
Adiós que va creciendo día a día.
Partir que no termina.
La destrucción del tiempo:
un no volver,
un ya te has ido.
En el andén estamos:
pañuelos blancos
lamentos
despedidas.
Un ya me voy,
un ya me he ido.

Preciso paso

Cuenta la araña
su bien medida cuenta
en su eslabón
que nunca está torcido.
Sigue tejiendo
tendida en el ocaso
la oculta red
que apunta hacia el olvido.
Desasida del tronco
la serpiente
enrosca su sierpe
en la maleza.
Teje el tiempo
con su preciso paso
y no vuelve atrás
el paso que ha seguido.
No hay modo de escapar:
es obvio el caso.
Maniobra feroz,
verdugo encapotado:
torcido el pie
se enrosca en cada cuerda
y cae tejido
hacia su ocaso.

Es todo un lazo

El cordón umbilical
que a ti me une
rompe los nudos
que la muerte ata.
Viaja en el cosmos
la espiral del vientre,
sigue su vuelo
y por el espacio nada.
Si a ti me une
una espiral sagrada,
que nace en ti
y en mí termina,
es todo un lazo
que seguro esquiva
las lanzas
fatales
de la muerte.

El encuentro brutal

La voz
era un tropel en la garganta.
Feroz
aullaba
modulando sonidos borrascosos,
tormenta final de la agonía,
trueno interior
que apenas perfilaba.
En el oxígeno se escuchaba
el combate atroz,
desarticulado,
lanzas enterradas
en la cabalgadura de las cuerdas.
Por momentos
retrocedía,
como si la batalla
fuera a ser
triunfo en la garganta,
aire.
Se deshacía
porque no había retroceso posible:
ir hacia adelante,
desbocada,
al encuentro brutal.
Esquivaba
la estocada
por los caminos de la niebla,
pero hacia ella iba
con la exactitud
de lo que ya
la había poseído.

Eterna bienvenida

Te vi partir
al cielo transparente.
No te despertará
mi voz
o mi silencio.
Estás más allá
del llanto
y el sonido,
en aire puro
y en agua de la fuente.
Te llevo en vuelo
aunque en tu vuelo vayas,
no te me vas
aunque al irte fueras.
Te has ido ya
de donde no eras antes
para ahora estar
en donde siempre has sido.
Ser es allí,
en cósmica corriente,
abiertas órbitas
que en el espacio giran.
Viajando vas
al infinito puerto
donde te espera
llave en la mano
y con la puerta abierta
en gesto alegre
de eterna bienvenida.

Silencio

Sellada
con la precisión exacta
de la muerte
la palabra
confirma su ausencia.
Calla la voz
lo que pudo haber dicho.
No es la pausa,
sino el final,
y nada se escucha
en el largo silencio
del sonido.

Nunca de mí te vas

Nunca de mí te vas:
en mí te quedas
como si a cada paso
que diera me habitaras.
Te reconozco
en cada latido de mis venas,
más fuerte aún
que cuando aquí estabas.
En el cordón umbilical
en que me abraso.

Guillotina

El filo
de la hoja de la navaja
descendía cortante:
cortaba de un tajo feroz
la garganta del aire.

Habitante del ojo

En la puerta secreta de la vida
hay un ojo mirando
que desmira.
Contempla el deshojarse de las flores,
el tallo en su caída,
el tronco derribado,
el alma huida.
Contempla silencioso
la salida
que abierta está
en clausurada llave,
aquel feroz derrumbe:
lo ignorado.
Mirando con su ojo desmirado
tira el dardo mortal
que da en la vida:
quedo clavado:
el tronco hacia el abismo
en embestida.

Cordón umbilical

Hay un cordón umbilical
que nos conecta
y amamanta,
digo yo,
a un distante planeta que alimenta
este desierto universal
donde habitamos.
Vivimos dando vueltas
en la órbita
de un círculo vicioso
que en movimiento fatuo se congela.
La madre busco
en desconcierto puro.
Contemplo
y me contemplo
contemplado:
en un espejo la imagen me devuelve
el círculo vicioso de mí mismo,
amamantado,
por el cordón umbilical
de algún olvido.

PRESENCIA

DE

EROS

A Yara

El Sil a cada paso
A Yara, agua que me trajo a Ponferrada.

Ni curva de ballesta traza el Duero
ni a Toledo mejor oprime el Tajo
--ríos en guerra--
que el Sil en onda
de tiempo y geografía
en paz no extienda.
Mujer a cada paso
lánguida el agua
su cuerpo azul del verde se enamora
constante
en
inconstante
abrazo.
Azul en verde
envuelve;
en verdeazul germina:
el ritmo
desciende aquí,
allá se escala.
El agua tiende el lazo azul al verde
y el verde tiende al aguazul el lazo.
La tierra al repetido beso
responde en verde espiga.
La corriente
anchas cuencas abre
y cierra presurosa
caricia no ofrecida:
espera a tientas
nuevo tejer y destejer de abrazos;
agua que queda y pasa,
gota que no se marcha,
beso que no se esquiva.
¡Oh, Sil,
vuélcate eterna en mí,
tú no me dejes,
haz que en tu cuenca misma
eterna haga el agua al polvo
de esta
mi desolada geografía!

23

Viajes

Recuerdo a Enrique Gil y Carrasco
allá en el Bierzo.
Hay personajes que siento latir
   dentro de mis pobres
   miserables venas
como si hubiera estado en ellos alguna vez.
Con él
a orillas del Sil,
con él
junto a Beatriz, lánguida y muerta a su lado,
pobre despojo del amor
y de la vida.
Caminamos así, juntos y solos,
por los desolados páramos de nuestra existencia,
nos encontramos en el tiempo,
viejos amigos,
nos miramos,
nos volvemos a ver,
llora él sus amores,
yo los míos,
y Beatriz languidece,
   ¡oh muerte! !oh muerte!

Berlín se extiende frío y helado.
Honolulu se extiende frío y helado.
Desterrados los dos,
hacemos estudios geológicos.
Estudio la agricultura de Francia.
Los progresos industriales de Alemania.
Los adelantos fonéticos del inglés.

24

El marqués de Humbolt me recibe
        amablemente
        tan amablemente
        tan cortés
el frío cocktail party
y me despido con un adiós desconocido
un esputo de sangre
pidiéndole perdón
no quise manchar la servilleta
nos vamos
adiós
vamos a morir
y por un instante recordamos
        las orillas del Sil
        los campos del Bierzo
        el cielo azul
las palmeras lejanas de una Cuba
vista alguna vez
Beatriz que languidece
Yara que sufre
y nos despedimos
        con pañuelos blancos
        que se pierden
        en el mar.

Amar amor

Entrelazados
el uno
al otro
en el encuentro
como si el cuerpo
tuyo
al mío
se tendiera;
unidos así
padezco el padecer que es tuyo
y en tu pesar
obtengo yo mi pena.
Amar
es que la espina que te hiera
sangre brote
en lo profundo de mi pena.
Amor
que nace en ti
y en mi termina
sin terminar
porque ya en ti
se extiende
y a ti vuelve.
Ir que es venir,
partir quedarse
único abrazo
del goce
y de la pena

Morir por amor

Yo creo en la muerte por amor.
Morir por amor
ahora
en la fecha concreta de este día
es la única muerte decorosa.
Tanto
que nos hemos amado tanto
tanto
como allá en Teruel
vórtice en Verona
sentimiento
obsoleto
anacrónico
recuerdo que dejo en mi despedida
único adiós posible
ahora
en la fecha concreta de este día
cuando la gente está
inerte
abandonada a la gimnasia del sexo.

Novena sinfonía

Estoy rodeado de misterios insondables.
El disco que gira,
las notas de Beethoven,
no entiendo.
Como si Beethoven
no hubiera estado nunca alguna vez.
Nadie puede decirlo.
La línea de su cuerpo desnudo
y el perfil de su seno
el misterio insondable de ella
que a veces creo que está
y otras se me escapa
como sombra
silueta
difusa
música
que no puedo retener entre mis dedos.
Como si la palabra Dios no estuviera,
o fuera sólo una abstracción de lírica sonora
me inclino
para besar la nota suspendida
en el aliento de su boca.
Estoy rodeado de misterios
que se me escapan entre los dedos,
horas que me son robadas,
entregadas a la angustia y el silencio.
Música,
asciende,
cesa
y cae
buscando la forma de sí misma.

28

Puertas que se abren y se cierran
conducen
pero sólo veo heridas abiertas
que nunca se cicatrizan.
Pienso que son sólo las mías
reflejadas mil veces
en los espejos,
en la nota que se quiebra,
en el canto que suena.
Cansado de caminar
me recuesto
y vuelvo a ver
el misterio de sus líneas
su perfil desnudo sobre la arena
forma
el contacto indescifrable
en la oscuridad de la noche y de la playa,
el tacto,
los sentidos en fin,
nada que responde,
mientras gira el disco de la música
diluyéndose
en lo que es,
la nota perdida
en su novena de silencio.

Azul en Blue

Te recuerdo en la bruma.
Ni sol
ni cielo azul celeste.
Pero allá en la bruma del norte
en Nueva York distante
evaporado
cruzando el río
te recuerdo irreal,
cual fantasía en **blue,**
azul creado,
no existente ni antes ni después,
blue de nostalgia,
suavemente azul,
ni azul celeste,
azul todo,
azul dentro del agua azul,
blue que me he inventado
palabra insuficiente,
aire helado del río,
azul que te quiero azul,
tú y yo solos,
sólo en azul
solo,
bruma,
en bruma azul donde volveremos a encontrarnos
en color nuevo.

Sí,
alguna vez,
dónde,
no sé,
nadie puede saberlo,
pero tú y yo,
separación imposible,
encuentro en nosotros mismos,
siempre nada más,
tú y yo,
los dos,
el uno en el otro,
ambos,
entre nosotros,
yuxtaposición,
lazo,
nudo,
uno
nada más,
blue,
azul,
punto infinito.

Espuma de luz

Lo ves:
caminas hacia el mar.
Barcos de vela
sombrillas multicolores
sillas plegables
paisaje de arena.
Caminas al terreno del agua
vuelta intangible
y no puedo tocarte,
respirar tu aliento vital.
Te vas,
me voy,
pasaje de luz
de un lienzo impresionista.
No podemos saber
si nos encontraremos nuevamente.
Castillos de arena en la arena
se pierden en el mar
luz
¿Yo?
¿Aquí?
¿Dónde?
¿Tal vez?
El pincel nos vuelve
sombra de arena
espuma de luz
en la cresta de una ola.

En un recodo

El reloj
no deja descansar su tic-tac insomne.
Las olas persisten en el mar.
La lluvia en su erosión
recrea
capas de tierra
gestas de montañas.
El sol
gira y vuelve al punto de partida.
La luna todo lo refleja.
El flujo y reflujo de las olas
trabajan
una erosión de arena.
Pero
el reloj
deja caer
su eterna gota de mercurio,
lágrima de hiel
que desliza la indiferencia del tiempo
en su tic-tac insomne.
Nosotros, sin embargo....

           Al anochecer
           en la playa
           a la hora del crepúsculo
           somos sombras
           jugando
           en un recodo de la eternidad.

Desolación

Islas hawaianas
¡oh, islas hawaianas!
nunca olvidaré tu Waimea Canyon
y yo ante él
junto a ella
    los colores cambiantes
    las líneas terracotas
    las formas geométricas
    los precipicios procedentes
    de un insonsable pasado
    geología
    sólo geología
ni una flor a lo lejos
casi ni un árbol
    ni un fruto
    ni un latido
geología
    sólo geología
sólo el silencio de las rocas
el latido mío
que no era nada en absoluto.
Waimea Canyon
dimensión inmensa
precipicio
y yo mirando
sin dimensión ante la dimensión inmensa
    de los siglos
la naturaleza en todo su horror
    en todo su espanto
tan distante de las iglesias
    de los cementerios
    dimensionales.
Estás más allá del tacto
    de la voz
    y del sonido.
Los turistas
cuando se detienen para contemplarte
son cadáveres admirando su sepulcro.

Surf

Las voces
marchan
congeladas
sobre el desierto.
Sobre la arena
hay figuras geométricas
que se deslizan bajo el agua.
Encuentro caracoles vacíos
que ya no hablan.
El silencio llega a cansarme
tanto como las voces.
Toco a puertas desoladas.
La palabra revolución
no es más que un cansancio de la guillotina.
Yo quisiera que la iglesia fuera algo más
que un tedio de Dios

     Salimos.
     Hablamos circularmente.
     No decimos nada.

          Ya era tarde cuando regresamos a casa.

          ¿Tarde para qué?

El mar
origen de la vida en otros tiempos,
hoy no es más
que una simple acumulación de olas
que se encrespan
para hacer
surf.

Peligrosamente

Sobre el cuadrado de la pared
sólo veo
un rectángulo
dentro de él
otro rectángulo
que un poco más allá
se transforma
en una sucesión de
líneas
que no se unen en el infinito
circular.
Las palabras tienen también su geometría.
Las podemos reducir a la precisión de un número
cuando se vuelven
sinfonía poética.
Y sin embargo
un latido impreciso...
tiene la inquietud de la algoritmia.
La incógnita
es la geometría del peligro.
Nuestras voces
pueden disolverse de un momento a otro,
álgebra
de su propia solución.
¿Quién...
        puede asegurarme...
                que no...
                        desaparecerán...?
¿Será cierto
que tú estás siempre a mi lado
        ... o es sólo un espejismo?

Despedidas

Los encuentros son tan simples
     que uno no se da cuenta.
Son como el cielo azul
o el sol
o el mar,
siempre el mar.
Están ahí como dádivas de Dios.
Pero llegará un día en que no los veremos más,
se han ido tan lejos,
a otros países,
escapando de las guerras tal vez,
o de viaje,
simplemente
como turistas.
Entonces uno se confunde
y ve el encuentro así,
que ha dejado de serlo.
Es la mano que se aleja en el pañuelo.
La lágrima que apenas recorre la mejilla.
Temblores en la voz.
Nudos en la garganta.
Todo tan breve como aquella primera vez
     en que nos vimos.

Estrella fugaz

Nunca me perdonaré
    el haber callado
    palabras que no dije.
Separarme de ti
cuando tantas cosas
quedaron en el aire
aleteando su silencio.
Ahora mismo
ausente
recostada en el tiempo
intangible
infinita
en medio del silencio...
Querer hablar y no poder hacerlo.
Verme partir
y tú languideciendo.

Querer decir
palabras que nunca fueron dichas
perdidas
en el largo adiós de los andenes
pasajeros distantes
en un espacio
demasiado inmenso...
Una palabra,
una solamente,
que nos retenga en la eternidad
fija
como una estrella fugaz
que se niega a serlo.

Música

Cuando busco algo
no logro encontrarlo.
No está sobre la mesa
entre los libros
ni en las palabras escritas.
Se van,
se esfuman
entre mis dedos,
mariposas que escapan
como si no hubieran estado
aquí
jamás.
Sólo quisiera que tú quedaras siempre
grabada
en algún reducto eterno de mi mente.

Entre nosotros

Pasa el tiempo.
Sobre los minutos quedas tú,
sentada,
a la orilla.
¡Quién fuera recuerdo para extenderse a lo largo del mar!
Pero, quién sabe...
y tal vez...
seguramente...
en medio de esta desolación sin nombre
seamos algo.
Y tú quedes así,
sentada,
a la orilla,
eterna también.

Irme yo de ti para no irme

Yara,
entre nubes estoy y solo
y una rosa
allá encarnada
por acá naranja,
de savia y sangre,
entre todas tenía que buscar para tu pecho.
¿Recuerdas aquéllas otras
que en un álbum
muerte nueva en Verona
dejé sobre mi cuento?

Así mi corazón
y el tuyo,
el uno solo,
allá encarnado
por acá naranja,
de sangre y savia
estará latente
en el espacio azul de nube y cielo.

No habrá movimiento y quedaremos
en la estética
estática
del tiempo.
Todo pasará
nos quedaremos
en distancia infinita,
inconsolable.
Yo te buscaré
encontraremos.
Tú te irás de mí para encontrarme.
Irme yo de ti para no irme,
sangre y savia azul de nube y cielo.

PATERNIDAD

Constancia

Meadville, Pa., 1962-1963
en el cordón helado de la nieve
dejo constancia:
el año más feliz de mi vida.
Eugenio en la cuna,
Ana en la nieve,
Yara era un ave
que lo cubría todo bajo el ala.
Ni una letra
ni una sílaba
ni una palabra
ni una oración
ni un párrafo:
todo sobraba.

Un poema de voces para Ana

Un poema de voces para Ana.
El hogar tiene voces.
Escucha las voces del hogar.
Abre las puertas encontrarás detrás de ellas
la sombra de un misterio.
Hay bellezas que yo no puedo decirte
y que tú sola has de conocer.
Horas que tendrás que descubrir
sin que nadie te las explique.
Siluetas que se irán perfilando
lentamente
hasta que con ellas puedas formar un rostro.
Libros tan misteriosos
que nadie los podrá traducir para ti,
pero que entenderás tú,
tú solamente,
a medida que toques las palabras.
Yo nada puedo decirte,
ni te diré,
ni nadie,
porque somos incapaces de controlar
el experimento de las lágrimas.

Un poema de voces desde Eugenio

Un poema de voces
desde
Eugenio.

--Eso no se hace con yo.
--Con yo no, con mí.
--Eso se hace con ti.
--Yo soy Eugenio.
--Yo voy a abrir.
--Me voy de aquí ya.
--¿Qué te pasa?
--Mira el perrito.

En la incongruencia del texto
está el sentido de las voces.
Un devenir
que adquiere significado
en la transparencia.
Un ser que se construye
en sus palabras
y en sus gestos.

Después vino el silencio.
Sonido de pasos que se alejaban.
Voces de mi hijo
que se perdían a lo lejos...
que se esfumaban...
Palabras que...
quizás...
no volvería a escuchar otra vez.

Black Pepper

para Eugenio y Ana María

Tenía la piel de selva reducida
a la dimensión estrecha de la casa.
Sus pasadas glorias
dormidas
estaban en el taciturno proceso de la digestión.
Hacía demandas
que no iban más allá del límite de la súplica
al que no se acababa de acostumbrar.
Clamaba por la violencia de la sangre
y tenía que limitarse
a un pleito entre vecinos.
¡Qué tristeza
su destino acomodaticio
olvidado inclusive
de la ilustre cacería de ratones!
La acción continua de los desinfectantes
eliminaba la presencia de las cucarachas
que además
iban adquiriendo
un saborcito químico.
El olfato y el gusto percibían
la mala palabra
polución
anticipando resignadamente
el fin de la raza.
¡Cuántas luchas reducidas
al cómodo colchón
y a la castración higiénica!
Miraba
con
steady eyes
donde mezclaba enigmáticamente
la súplica y el odio,
último reducto
de la sinceridad y la rebeldia.
Jaguar reducido
a nuestro civilizado bestiario.

46

DISOLVENCIAS

Motivos del aire

En el aire hay diseños
motivos
transparencias
focos de luz
halos
pero uno no los ve
porque no hay tiempo.
Sólo las formas más precisas
llegan con su contorno exacto
concreto
para olvidarse
al amanecer
de un nuevo día.

Conclusiones

Sueño
con soluciones
inverosímiles
la vida eterna.
Como un abanico
que se abre engañoso
ocultando todas las posibilidades
cae la gota de mercurio,
insondable,
trazando un jeroglífico
que se desliza lentamente
hasta
alguna parte
de donde
no ha regresado nadie.

Al no venir de nada me despido

De ti me despidiera
si despedir tuviera
algún sentido
por el haber venido.
Al no venir,
de nada me despido
ya que no estuve
donde yo estar quisiera.
Yo no llegué
porque yo nunca vine.
Ni digo adiós
porque no dije hola.
Yo no me voy
porque yo nunca estuve
ni ser he sido.
Ni una palabra
donde no existe el habla;
ni un poema
donde no existe el verso;
donde no hay voz,
no hay eco ni sonido;
ni luz ni sombra
ni cuerpo que pudiera
decir adiós
por el haber venido.

Sueño

Es una forma de mí
la que en el sueño
aparece
en transparente velo;
un desconsuelo,
un solitario más allá
en el cansancio inmenso.
Busco tal vez
un pasadizo abierto,
aquella forma fiel que me traspasa
fuente
y desierto.
La guardo ciegamente
en algún lado
protegida de olvidos
y recuerdos,
refugiada en aquel
inerte espacio
donde espera
otra vez
volver al sueño.

Calendario

El tiempo se descuartiza en los eventos
como si fuera algo.
Fechas en semanas
meses
años
evaporándose en aire transparente
impreso en calendario,
en alfabeto.
Idiomas nada significan.
Vana intención en sonido y símbolos.
Y mientras tanto
un día la sinfónica
pretende
perpeturarse
en la aguda inflexión de los violines.
Lo leo y hago llanto.
O en los pinceles
exponen los pintores
su presencia.
Concurro y no me quedo.
Es imposible:
de una inscripción mortuoria no saldremos:
la numantina lápida
mosaico del olvido
número del cual
tan sólo tengo
la fracción inicial del miembro,
cojo,
menos dice,
4-26-3l
la suma ya diremos:
y dejo al tiempo
que impune descuartiza
la otra abstracción numérica
del hueco.

Instant Mix

Se suceden los vacíos multicolores.
Autopistas conducen
y no encuentro
al otro lado.
Llegar es imposible.
Autopistas conducen autopistas
                                    Vamos!
Ir lo mismo que venir:
espantosa uniformidad del verbo.
Todo es sinónimo.
Nunca has estado.
Detrás de la ventanilla
en la oscuridad lluviosa de las cinco
maneja el vacío
las velocidades.
El interludio extraño
poblado de lluvias y de niebla
sucédese monótono
en lo que llaman días.
Ni toco ni responden.
Los centros comerciales se suceden
en uniformidad antiséptica
de hospitales.
¡Qué triste es todo!
La niebla lo mismo que la luz.
El silencio lo mismo que el sonido.
El verano lo mismo que el invierno.
Idéntica ecuación
la vida se me bosteza
en la conclusión.
Estoy cerrado a todo.
Soy un letargo que palpita
en soledad de asfalto,
cuajado de cicatrices.

Transición

Alejado de la luz aquí me encuentro:
la luz es un recuerdo.
No puedo saber si la suma
es
un resultado exacto de sumandos.
Somos objetos plásticos.
Yo no puedo
abrir puertas
ni cerrarlas
porque estoy hecho
de algún metal desarticulado
y anacrónico.
A veces nos confundimos
y creemos
sinceramente
que tenemos la palabra.
Somos
el remoto latido
de una realidad
de hojalata.
La voz
es sólo un chirrido
presistente
de la cuerda.
Fauces abiertas me señalan
las salidas
de los túneles
donce creo vivir.
Cuando me corta la cuchilla del cirujano
pienso que soy de sangre
y me olvido
en la agonía
de la composición química
que me desintegra.

Tiempo concreto

Aquí
quedarse
ahora
inmediatamente
ni partir
ni volver
ni ver milagros
así
ni antes
ni después
en plenitud
de indestructible forma
ahora
imperiosamente
ni en memoria
ni en verbo
ni en réquiem
ni en epitafio
así
aquí
en el espacio
de concreta forma.

Haces de mí un adiós

Tiempo,
llegas y te vas y nunca quedas:
quédate en mí
y niega tu destino.
Atacas
con espadas y cuchillos.
Fija
mi concreta estructura de huesos peregrinos.
Nada puedo hacer,
todo es lo mismo:
callar o emitir sonido
--el tiempo va con su constancia ido.
Haces de mi un adiós
antes de haber partido.

Auto de fe

La
negación
de lo objetivo
y de las células
es lo único cierto.
La fe vuelve como milagro de la luz.

Islas

Somos islas.
El mar parece rodearnos.
Tiempo llegará
en que entre las olas nos perderemos.

Lapsos

Un día
es sólo un lapso
entre
estar presente
y haber partido.

Disolvencias

Lentamente
me disuelvo
en formas químicas
que se deslíen
en el agua.
Lentamente
me disuelvo.
En el agua
que se deslíe
me disuelvo.
Lentamente
en el agua.

ESCALA

Foliaje

En el bosque deshabitado
se petrifican
árboles milenarios
que algún día
renacerán
en verde foliaje.
Una flora desconocida
respirará
el oxígeno de la luz
y mi palabra se poblará
de ramas.

Método

Los poemas
se escriben
con un cuchillo que abre la garganta
de un solo tajo.
Clavada otra daga
en el costado
se camina
herido,
atravesado el dardo,
tal vez decapitado.
Más allá la estocada,
violenta y penetrante,
rayo de fuego:
la espuma de la muerte
como ola
un matador mortal
nos ha enterrado.
Entonces sale el manantial
ardiente
feliz ensangrentado.

Por última vez

Adiós, decían.
Repetían las palabras silenciosamente.
Adiós,
despedidas aeronáuticas en los aeropuertos,
pañuelos que se esfuman en los trenes,
autos que se alejan.
Adiós,
hasta mañana,
hasta luego,
"see you tomorrow",
"chao",
"goodby"
Vaya con Dios:
palabras que no significan nada
hasta que se dicen
por última vez.

Aprendizaje lírico

Nunca he escrito poemas.
Detesto la poesía.
No entiendo
        la forma
        intrincada
        de sus versos,
pero el tiempo se extiende sobre mí
y siento que son ellos
la forma máxima de la angustia.
Los versos se pueden escribir
        con lágrimas en los ojos.
No hay caracteres.
No hay personajes que evolucionen
        a lo largo del tiempo.
La poesía es la muerte misma.
¡Oh, muerte!
Es la única forma de expresión:
la voz que no llega a la garganta.
Se toma una idea.
Se entrecorta.
Se asedia.
Se limita.
Se recorta una vez más.
Se disminuye y casi no queda nada.
O nada.
Entonces se es un gran poeta.

Mortalidad

La poesía
tiene
un germen de silencio.
Es ese gusano
insepulto
que se come el papel:
la polilla
mortal
que puede más
que la inmortalidad
del verso

Esta obsesión del verso

¡Qué depresión tan grande
esta obsesión del verso
que asfixia la palabra...!
Qué inútil mi decir
y que no oigas,
que inútil tu decir
y que no escuche;
que afán este yacer
en lo ya dicho,
palabra que se pierde en la garganta!
Qué juego tan inútil
este nocturno intento,
este decir yo soy
cuando no soy se dice.
Qué vano padecer
esta obsesión del verso.

De profundis

La poesía
no es nada.
Los poemas
son letras muertas
que se unen en palabras
y oraciones silenciosas
más silenciosas
que el fondo del mar
donde dicen
los sabios
que no hay sonido
y ha empezado todo.

Rúbrica

Hoy voy a escribir
cien poemas centenarios.
No sé si tendré tiempo
de pulir las imágenes,
vano esfuerzo del texto
que extiende
perfiles de silencio.
Sé que nunca seré
de aquellos
que escribieron pocos versos
con la técnica del arpa.
Salen,
por su cuenta,
desgarrados,
llevando consigo esa gota de sangre,
marca de fábrica,
hecho por mí,
rúbrica ilegible
impresa
en el papel.

Estación interior

Ahora
que la palabra se ha vuelto estéril
seca
sedienta
grietas
de un territorio que se quiebra
quizás
en el arroyo que fue fuente
quede tal vez
la quimera de aquel manantial.

Harvest Moon

Clavado estoy en una cruz de fuego
hecha también
de cenizas
y de lava.
Nada hay detrás.
Delante, nada tampoco:
la muerte clama.
El presente ha enterrado su pasado.
Hambriento está
del sepulcro que me habita.
Nadie en la estancia,
aulla
por la seca cosecha
de la luna.
Un sepulcro me cubre
lapidado
en luna llena
de un lobo que está
deshabitado.

Poetas

Los poetas vamos
en contra de los siglos.
Marchamos
en la dirección opuesta de la historia.
Al final resucitamos
desenterrados
en las bibliotecas.
Escribimos
para sombras no nacidas
que en busca de la luz
se refugian
en sombras desterradas.
Perseguidos
somos la historia verdadera.
Pobre de aquellos que escriben
en la misma dirección del tiempo.
Somos astronautas
que desajustamos
la relación
del tiempo
y del espacio.
Perdidos en formas siderales
descubrimos
remotos planetas
que han escapado a la ciencia.
Nos ahogamos
en la terrible dirección de cada día
y los titulares
nos lanzan
en la inquietante búsqueda
de indescifrables
perspectivas.

Lujuria

Había sido siempre
aquel secreto adolescente
encerrado en la concha de la lujuria.
Veía sobre el papel
las relaciones más inconcebibles
de la sexualidad
y le obsesionaba
la cópula constante de las palabras.
En una inconsistencia de eros
las letras
adoptaban las posiciones más inusitadas
incitándose las unas a las otras
en largas noches de placer
que no terminaban jamás.
Amanecían
desnudas
como abejas golosas
saturadas de miel
incesantes
y siempre insatisfechas.
Nada podía saciar aquella
fantástica sexualidad
de cada letra
d e c a d a e s p a c i o q u e l a s s e p a r a b a
y se acoplaban
inesperadamente
unadentrodelasotras
hasta producir gemidos de placer
en cópulas desatadas.

Ambiciones desmedidas

desde
lejanas playas
escribo
poemas
para gente desconocida

matías
montes
huidobro
envía
las crónicas
con derechos
que no son
reservados

comparte
palabras
con
aquellos
que quieran
escucharlas

claman
para no perderse
en el silencio
del tiempo

cantan
buscan
compañía

se trata
posiblemente
de ambiciones
desmedidas.

Escritura

En la redonda mesa del olvido
hay un surtidor:
en el recuerdo cae
y crea una madeja de tiempo:
teje con hilos de agua
el recuerdo de mi vida,

                    ay, transparente...

Escala

Escribo para alguien
que no está aquí,
que me buscará algún día
en el silencio de las bibliotecas
y se ocultará conmigo
en el misterio de la medianoche.
Entonces regresaré
y ascenderemos
en una escala que al fin
tendrá significado

NOCTURNO BOGOTANO

DEL

21 de junio

para Clemente Airó
que murió esa madrugada

Cultivo una rosa blanca
en julio como en enero
para el amigo sincero
que me da su mano franca.

Y para el cruel que me arranca
el corazón conque vivo,
cardo ni oruga cultivo:
cultivo una rosa blanca.

José Martí

DEL TROPICO INTROVERSO

Yo soy hombre del trópico introverso
humilde quiero ser como martiano
metido hacia el vórtice de mí mismo
en foco que se vuelve bogotano.

Nadie que me mire en superficie mire
que es modo de no verme y condenarme:
que no se clasifique el hombre al hombre
ni ultraje se ponga al ser cubano.

Humilde quiero ser cual cervantino
en un foco de luz que es lo martiano,
ahóndese en el fondo y no en el borde
sin humillarse la voz a la del amo.

Quizás yo sea del trópico cubano
corazón a solas que su pasión desborda,
que gota a gota ya se derrama sorda
crepúsculo de luz de un solitario.

Entre matar y no matar me muero,
que no matar es ya elegir al hombre
al no matarte a ti puedo afirmarte,
y nadie puede en mi morir negarme.

No me niegues la mano que te he dado,
que limpia te la doy porque lo quiero:
toda la doy y en darla yo me esmero
porque en ella está mi corazón cubano.

HAMBRIENTO ESTOY
COMO UN LADRILLO HAMBRIENTO

Amigo,
no te dejes engañar tampoco.
Si no puedo hablar contigo
eso ya es hambre.
Yo estoy hambriento,
amigo,
de ladrillos,
hambriento de extender mi mano franca.
Lo creo y lo imagino:
invento al hombre
y si al crear mi creación no fuera
sería mano cruel que el alma arranca.
Hambriento estoy como un ladrillo hambriento
que busca en pan lo que yo busco en alma:
la mano franca.
Yo vivo también en la ladera
invasor del vacío de las almas
y mi casa he plantado en la montaña
y soy un invasor en tierra extraña.
¡Oh Bogotá creada,
imaginada,
sueño en altitud hacia mi mente!
¡Nunca a Martí tan hondo lo he sentido
en tierra por donde Martí también ha dado
su sangre
su temblor
y su latido!
Yo soy el invasor de los dolores
que no tiene letrina para el alma.
Yo soy también bisonte y yo soy tigre
y encierro mi leopardo en la palabra.
No sé cuándo
pero también mi rabia
bajará mordiendo la montaña.

Pasará el tiempo,
pasará mi vida,
pasarán también muchas infamias
pero nunca el grito en mi garganta.
Mi alma es un bisonte de ladrillos
que en su cueva se esconde solitaria,
lobo estepario de la antilla oriunda,
fosa en la cumbre y fiera milenaria.
Si alguien la busca la hallará tendida,
tendida en altitudes bogotanas,
tendida y fiera,
tendida y solitaria.
Mi alma
también tiene
un fusil guardado en su palabra.

QUE SOLO ESTOY QUE ACOMPAñADO ANDO

Que solo estoy de puerto
en aeropuerto
este partir constante en solitaria nave
hogar
la casa de pañuelos
abrigo incierto
estación terminal
de luz y fuego.
Perdido el pasaporte
el viento ha desolado
la bienvenida de aquel hogar perdido
un nada en blanco
un todo en cielo
ni un número siquiera que me marque.
¡Qué verdadero ando!
Cierro el dolor y abro las ventanas
buscando luz
en donde el frío calcina.
La vena oculta
en esta flor que llevo
a ti me une en su naranja fiesta,
vuelo hacia ti
con un clamor de fuego.
¡Qué solo estoy
y qué feliz me siento!
¡Levanto el vuelo!
¡Icaro de la luz,
de sangre y cielo!
La libertad conmigo llevo en vuelo
sin regreso
y
tampoco
sin partida.

La libertad que llevo es de los buenos:
la sangre de Martí
que en su destierro
unía.
¡Qué solo estoy
que acompañado ando
del amigo fiel
que yo me invento!
¡Qué alegre compañía!
Que solo estoy de puerto
en aeropuerto.
¡Contigo estoy,
tu alma con la mía!

A TALES HORAS

¿Dónde estarás, Clemente,
a tales horas?
¿Qué poeta seré yo
en tu silencio?
Nunca tan poeta me he sentido
hasta verte
alto y tendido.
Es Bogotá.
Todo se eleva.
Después se acuesta
allá en la cumbre
soñadora y sola:
altitud y llano.
¿Dónde estarás, Clemente,
a tales horas?
¿Qué no dijiste?
Que me viniera acá,
que me quedara.
¿Qué puerta se cerrará para no abrirse?
¿Qué voz me será sellada?
Que no fuera estatua de sal,
que no mirara.
¿Qué lobo habrá, Clemente?
¿Y qué manada?

EN CASTELLANO HUMOR DE UN BOGOTANO

A Bogotá yo fui, Clemente, un día
a conocerte
decirte adiós
en mi inventarte.
Si te llevaron y más no te quedaste
será cosa de humor de un castellano.
A Bogotá yo fui para no verte
y en noche bogotana allí encontrarte.
La noche de la muerte.
Clemente,
amigo,
música fue
nocturno bogotano.
Tú no supiste
aunque quizás ya sepas,
que vivir quise para morir no verte,
pero tan nocturno y castellano fuiste
que en broma de un hijo de Castilla
dijiste adiós
en castellano humor de un bogotano.

BOGOTA TIENE UN CENTENAR DE FILOS

Vine a Bogotá,
Clemente,
para decirte hasta la vista.
Quedaron inconclusas las palabras
en cristal ausente de sonido.
Yo vine a Bogotá
y ya habías partido.
La vida concentró
encuentro en despedida.
Avianca y Varic.
Clemente,
yo me quedaba para charlar contigo.
Yo me quedaba para compartir el hambre
y ya te habías ido.

ESPIRAL QUE YA SABE SU MISTERIO

No hubiera estado en Bogotá
si la muerte no hubiera visitado.
¿Qué me llevó, Clemente, a conocerte?
¿Qué misterio hay en savia demorada?
¿Cuándo me dirás lo que callaste?
Estabas vertical allí
ante la ciudad de focos,
andino de Castilla.
Hay una incógnita que tienen las imágenes
que quedan en el tiempo así sabiendo.
Ya tú la tienes
en marco colocado
como espiral
que sabe su misterio.
¿Qué me llevó, Clemente, a conocerte?
¿A despedirte apenas conocido?
¿El viaje di para estrechar tu mano?
¿Acaso me quedé porque partiste?
No sé.
No entiendo.
Nada he aprendido.
Los que se han ido
saben o no.
Yo no sé nada.
¿Por qué me quedé para no verte?
¿Por qué no te dejaron otras horas?
Es Bogotá, Clemente, con sus nubes.
Tú quisiste que yo la conociera
en esa soledad que allí la envuelve.
Húmeda, oculta, hermética y adusta,
envuelta en muerte
como envuelta en nubes.
Hermética y cerrada,
abierta al cielo,
la conocí mejor cuando te fuiste.

HABLA EN LA PAUSA

Yo lo sabía:
desde que llegué, lloraba.
Este constante afán:
mi mano abierta
ante la mano manca.
Tiene Bogotá lentitud melódica de flauta
pentagrama que habla
sólo en la pausa.
Vine a una muerte que a la vida vino:
mi mano abierta,
tu mano franca.
¡Mi última noche en Bogotá fue tan compacta!
Nunca en Bogotá yo hubiera estado
si la muerte de paso por la vida
no hubiera tronchado
tu mano amiga.
Mi última noche en Bogotá tiene presencia,
¡es tan compacta!
¡Tan sólo ayer
en tu espiral cantabas!
Yo me quedé para sentirte cerca.
Ya casi la tocaba.
Yo lo sabía.
Desde que llegué, lloraba.

YO NUNCA EL CARDO

No te veré más,
como a Clemente,
y entonces nos sentaremos en la redonda mesa,
redonda y blanca,
todos yacentes
nos contaremos lo que la muerte ha sido,
cual ese paso.
Entonces me dirás quien soy
mi nombre
no tu cautela
y yo el tuyo diré
ya frente a frente.
Y todo se hablará
el alma al fuego.
Y mientras tanto
no es la primera vez
que cuando la mano extiendo
sólo recibo el cardo.
Desde ahora digo
que soy cubano.
Sólo en Martí encuentro lo que canto:
la rosa blanca
para el amigo sincero
y para el cruel que me arranca.
Yo nunca el cardo.

EN CIRCULO CON TINTO

Para Hugo Buero Rojo, boliviano

Te acuerdas,
Hugo,
en junio 2l
sentado en blanco círculo con tinto
te dije
yo me quedo
que a Clemente vería y al hermano,
que a Chapultepec
Bellas Artes
murales
Orozcos y Siqueiros
había cambiado
           por la mano.
Te acuerdas
Hugo
en junio 2l
la noche del nocturno bogotano
que de la muerte hablamos;
tú, no recuerdo,
quizás en la guerrilla
los cuatro puntos cardinales
          sirviendo en ti de blanco,
yo en aeroplano
así, abierto
de todos y de nadie
en cielo azul perdido en amplio espacio
mi mano franca cultivando al enemigo duro
martiano muerto al aire del caballo.
Entre violencia dar
yo la recibo;
entre no dar la mano,
corten mi brazo.

Por eso me quedé en Bogotá
en sábado nocturno y funerario
                    en tradición de Silva
una noche en que la muerte se fundaba
en el centro y sobre las mismas piedras
donde plantó su altitud Jiménez de Quesada:
la muerte por allí rondaba
andina y castellana,
tan bogotana antes como ahora,
espacio y tiempo,
ser y montaña.
Cuando te dije
en Bogotá me quedo por la mano,
la mano muerta en soledad yacía
mi mano algún día en soledad de Yara.
Pero la mano ha estado.
Te acuerdas,
Hugo,
de la novela aquella
--el cuento que nunca nos haremos--
todos narrando la muerte que tuvimos
sin editor ni imprenta
ni crítica que aplauda nuestras letras
ni tirano que compre nuestra fama
ni claque que incline la cabeza
ni estigma ponga ni reparta premio.
Esa novela en que cada uno
sentados en blanco círculo con tinto
comente su morir
la verdadera historia
la auténtica y la que viene a cuento
ser contada
la que ni tú ni yo nos contaremos.
Clemente ya lo sabe,
la cuenta en su silencio
ya tiene recorrido
el círculo geométrico
que siempre inventaremos.

EN FUNDACION DE PIEDRAS

¿Por qué Bogotá creció infranqueable
en ese lugar de fundación de piedras
donde tú,
amigo,
a medianoche me llevaste?
¿Por qué escondida en altitud sin nombre?
¿Por qué inexpugnable?
La soledad infinita estaba a solas
aquella noche sin marcas y sin nombre.
Yo lo sabía.
La muerte estaba allí fundida con la piedra.
¿Por qué escondida en altitud sin nombre?
¿Por qué inexpugnable?
No, no fue cosa de un imperio
que busca el centro para dominar la periferia;
ni de clima tampoco
que busca el aire.
Del corazón surgía sin saberlo
y hubo un alguien
que siguiendo el camino introverso
buscaba para el corazón lo inexpugnable.
Así nacía
no de la tierra al pecho
sino del pecho al aire.
¿Dónde esconderse?
¿Dónde no darse?
¿Dónde el alma meterse?
¿Dónde llorarse?
En el foco aquel
de piedra
desolado
austero
puro
donde tú,
amigo,
la noche del nocturno de Clemente
me llevaste.

PRONOSTICOS

Las chozas de las laderas
caen en pendiente
hacia el Tequendama.
Rodarán hacia abajo
abrirán sus grietas
de los terremotos andinos.
Las ladrilleras de Bogotá
derrumbarán
las cúpulas celestes
los rascacielos
y la Avianca cinematográfica
será finalmente
torre de fuego.

BOGOTA

Te amo,
Bogotá,
porque eres triste:
te escondes para que seas buscada.

BISONTE

Si no llorara no sería hombre,
bisonte de espíritu elevado.
Cuidado,
amigo,
que el que muere es mártir,
sabroso paladar
para el gusano.

GESTO

Nocturno,
¡qué Bogotá
tan triste y pobre,
de fina mano
y de elegante paso!
Hasta el mendigo tiene
la mano distinguida
para llevarse tu reloj del brazo.

CLAVADO EN ALTITUDES YO ME ENCUENTRO

Bogotá,
yo te he llorado desde la Plaza de Bolívar.
Te caes
a pedazos
mientras la geometría de indiferentes torres
se levantan
con orgullo en línea recta
que no mira hacia abajo
ni hacia nada.
Bogotá
yo te lloré desde tu fea plaza
ni moderna
ni borbónica
ni corintia
ni nada.
Mi corazón Caribe
en bruma eterna
mi corazón sin sol que vive en nubes
en altitud palpita.
Bogotá,
yo te lloré en paso solitario,
pobre,
ni colonial
ni nada.
Te caes lentamente
como si quisieras sostenerte en tus montañas;
pero te quise,
en esa pendiente que hacia abajo clama.
Bogotá,
mi corazón clavado
al sur de tu montaña.

NUNCA CORTES ESTA MANO ABIERTA

Un día
regresar a Bogotá quisiera.
¡Que bajen de las montañas invasores
pero no cierren sus puertas!
No te quedes manco,
amigo,
cortando mi mano abierta.

LA MUERTE MISMA QUE EN EL CUERPO LLEVO

En México estoy
con Bogotá en el cielo.
En Bogotá yo dejo este recuerdo insomne:
la muerte misma que en el cuerpo llevo.
Nocturno,
¡qué soledad tan triste
en mi garganta tan cubana tengo!

AL NO ESTAR MAS HONDO ALLI HAS ESTADO

Yara,
en Bogotá estuviste
que al no estar más hondo allí has estado.
Mi mano en el espacio busca
la tuya que se encuentra con la mía.
¿Cómo ha estado tu mano sin la mía?
¿Cómo la mía sin la tuya ha estado?
En soledad mi mano
algún día se llamará
Clemente.

NOCTURNO DE DISTANCIAS

Yara,
qué soledad sin ti
en cordillera andina
--nocturno de distancias.
¿Qué importa que mi mano
en el espacio vaya
buscando aquel espacio
que ahora las separa?
Amarte es la distancia,
dolerme el no tenerte,
tenerte aquí a mi lado
aunque la muerte toda
que ya no puede hacerlo
de ti me separara.

INTERNACIONALES

Industrializarán la tortilla española

España semanal
tiene noticias extraordinarias,
me gustan,
dicen,
que en España
se piensa
industrializar la tortilla
de tan famosa que es
los daneses
y los suecos
tienen por ella
especial preferencia
y se la llevan
en los aeropuertos,
me gustan
estas noticias son las que leer quisiera siempre
porque
la tortilla española
tiene mi preferencia
tanto la de jamón
como la simple
de patatas.
España semanal
lo anuncia
en la página ocho,
así las cosas
mientras el mundo se desangra a voces
la tortilla
va camino
de su
industrialización.

Hiroshima Girl Got Married

Miren,
seamos optimistas.
No todo es malo.
Acaba de casarse
en delicada ceremonia japonesa
la muchacha que naciera
en Hiroshima
unos minutos
antes que explotara
la bomba de que tanto hablan
y que puso tal ciudad en el mapa.
Esto nos prueba
la persistencia
de la raza humana.
Con grandes festejos
en Hiroshima
la fina ceremonia japonesa
ha sido celebrada.
Finos aplausos también
la prensa ha dedicado.
Ante tal alegría
y animados festejos
nosotros no queremos
aguarle
la bonita fiesta
a nadie
y a estos hechos que comprueban
que el hombre persistirá
sobre la tierra
quiero dedicar
antes que para mí
sea
demasiado tarde
las líneas que anteceden.
Vale.

Funeral en Teruel

Los amantes de Teruel
han sido borrados del mapa.
Yacen
en el mármol del olvido.
Nadie cree en ellos ya,
sepultados
bajo las tres XXX
de la sexualidad
segregaciones de celuloide
sierpe inchoherente de sonidos.
Los Amantes de Teruel
están muertos
y enterrados.
Sus cadáveres están en Teruel
pero ya nadie visita sus sepulcros.

Regreso a Bikini

Desterrados de su atolón
allá en Bikini
fueron sacados
los pescadores de sus aguas.
Huyen los peces
por la noche del mar
contaminado
con la desintegración del átomo.
En el horizonte
un hongo de cenizas
encierra
la ardiente añoranza
del regreso.
De isla en isla,
desterrados,
tal vez alguna noche inesperada
los peces del destierro
volverán a aquellas aguas
del coral y la espuma
desintegrado
el cuerpo para siempre
con un inmenso corazón
decapitado.

Guerra Santa

Jerusalén
en Israel se encuentra.
Allí el sepulcro eterno de
árabes
judíos
y cristianos
a la diestra de Dios Todopoderoso
inconmovible
eterno
y sonriente
mansa Paloma de la Paz.
Guarda
era el Arcángel germinado,
ciego que observaba
con ojo avizor al enemigo.
Dios
descendiendo del cielo los espejos
los colocaba
uno frente al otro
viniendo cada cual hacia sí mismo
ametrallado
lleno de granadas
en pirotecnias de la paz.
Hacia sí mismo
en el espejo las lanzaba
y no lograba verse
sino sentir la sangre enfurecida
del Corán, el Viejo y el Nuevo Testamento
que brotaba
en venas
árabes
judías
y cristianas
desenterrando siglos
con la furia voraz de los sepulcros

Paisaje

Tocaron a la puerta
no en búsqueda
ni encuentro
sino en daño.
Surcos decapitados
allá se extienden.
La tierra es un vértigo
de vasos capilares
derramados.
Toqué a la puerta
en búsqueda
y encuentro
pero ya era tarde.
Llevados
iban
los condenados a muerte.
No me atreví a gritar
por cobardía de mi propia muerte.
Me siento vacío
de recuerdos
y de futuro,
y el reloj
no marcha
ni hacia atrás
ni hacia adelante.

Forma en el mar obstruye

Forma en el mar obstruye
la vida de los peces.
Nada en inmensidades acuáticas.
La ausencia de la luz
construye su silencio.
Antenas detectan
las profundidades submarinas.
Sin embargo,
forma en el mar obstruye.
No preguntan
sino que se sumergen en las aguas:
llegan y desintegran.
Aletas
nadan a escape;
branquias
buscan aire;
sobre el mar yacente
sepultan alas.
Forma en el aire obstruye
la vida de las alas:
el ave no respira el agua.
El silencio
como en otras superficies el sonido
interfiere inequívoco
toda salida posible.
Perdidos
comprenden
el terror de la forma
ya conocida por las aves.
Forma en el aire obstruye.
Triunfa
por encima del agua
y en las profundidades submarinas.

Construye la noche un vuelco

Torcida la cabeza y vuelta hacia atrás
construye la noche un vuelco
donde no puede salir la noticia.
Estrangulada en la transparencia radioactiva del calor
que no se podía predecir
tan imprevisto como la vida.
Cobra la muerte la cuenta
lentamente preparada, calculada,
que suma el espacio de errores.
Estamos perdidos. Nada puede hacerse.
Encerrada en las paredes de cemento calcinado
se escucha la explosión del tiempo
y de las cosas que pudieron evitarse.
Nadie la detiene y nadie puede.
Abre su garganta de fuego y humo
y sube
bajando a su vez a las entrañas de la tierra
como un volcán de dos cabezas.
Explota todo
y se desliza
la serpiente subterránea radioactiva.
Ahora es todo, finalmente, lo ya previsto y lo ya sabido.
Es como si el suspense hubiera terminado.
El tambor de los átomos entona su canto primitivo
en busca de espacio.
Surge una voz de trueno
eco distante del no podrán salir.
El universo era de sol y lluvia
                          y verde y cielo y huerto era.
Degollado hacia atrás
el abismo abre sus voraces llamas,
incendio que no se apagará jamás,
abierto por nosotros mismos,
nuestros otros nosotros
acoplados en un gran acto suicida.

FUEGOS FATUOS

Textualidad

Una letra
no es nada;
una palabra
mucho menos.
Esa pretensión
al fin
ha quedado
desnuda,
al descubierto.
El cuerpo
que nos rodea
y que llevamos
con bombos y platillos
es menos
que el punto final,
el suspensivo...
Observo
el deterioro
del tiempo
y la voracidad de las polillas:
texto de cieno.

Fuegos fatuos

Poema soy
me dicen las palabras
como si acaso
un poema fuera.
En vano gesto
se busca la métrica
con propio acento
y atinada rima
de eterna consistencia.
Galán el gesto
la vanidad
de mascarilla en yeso
con arrebol
y vano colorido
de muerte aquí se pintan
en coqueteo
que sobre el blanco lienzo
el papel de su mortaja
inventa.
Más vanidoso
que pavorreal de feria
viene el poema
con el pavoneo
de una metáfora
que un abanico intenta.
Gira feliz
en engañosas plumas:
seguro está
de ser de tal manera.
En otro verso
llora y gimotea
--con inmortal lamento patalea.
Todo este intento
es un disfraz
para que nada lean.

Epitafio

El libro de poemas
es un campo de batalla
donde caen
uno a uno
los versos del olvido.
Mueren
estadísticamente.
Consumada
la prédica:
aquí yacen,
descansen en paz.

Haiku

El poeta
acaba de lograr
su objetivo.

Es un haiku
que se lleva
el viento.

Poética

La poesía es
un botín de guerra
con el que no carga
ningún soldado.

La poesía comprometida
tiene la panza llena
por comer
de lo que pica el pollo.

La poesía es
con harta frecuencia
un arma de combate
que sólo sirve
para hacerse el jarakiri.

La poesía
abandonada a su suerte
es
la poesía.

En breve

La poesía
puede ser
un largo bostezo
hermético.

Poder o no poder

En la descomposición
de la rutina diaria
caemos
en un estercolero
pasional.
Nos da la pataleta
del quiero y no puedo.
Al no poder
pensamos
que hubiéramos podido.
Al poder
creemos
que hemos podido algo.
Nada
entre
nada
no pasamos
de una pertinaz pirueta,
puede
que hasta bien ejecutada.

HISTORIA

DE LA

LENGUA

Dialéctica

Y los grandes discursos
¿a dónde fueron?
Los verbos en activo,
¿qué movieron?
Adverbios que a los verbos deshicieron,
¿qué pudieron?
Nombres rimbombantes
¿los dueños dónde fueron?
Pronombres posesivos,
¿poseyeron?
Adjetivos que adularon,
¿a quién hacen el juego?
La gramática toda,
¿en dónde ella persiste?
¿qué boca en el vacío no la viste?
¿con qué falso ropaje se reviste?
Lingüística no tiene la conciencia.

Palabra,
tú no dices
sino que te desdices.
Afirmas cuando niegas.
En vano reluces
en boca pasajera.
Naufragas, no navegas.
Te ahogas,
nunca vuelas.
Engañas tu quimera.
Sujeto o predicado,
predicas sin sujeto,
sujeto sin objeto.
Prosodia, ortografía,
¿qué importas en el léxico?
Contigo igual se vive.
Sintigo igual se muere.
Lo mismo el que te sigue
que aquél que a ti te niegue.

Ignoras lo que eres.
Intentas y no puedes.
¿Enmiéndanme la plana?
¿La plana no me enmiendan?
¿El verbo no concuerda?
¿La coma no se lleva?
¿Que quita la Academia?
¿Que pone allá una letra?
¿Que aquello es neologismo?
¿Que neologismo acepta?
Lo mismo dan
los discursos que allí se repitieron,
las consignas que en ritmo verbal establecieron,
las palabras precisas que entonces se dijeron,
del tiempo sueño fueron.
Quizás
dudoso no preciso,
la interjección persista
en negación de toda
estructura, gramática, apariencia,
de nombre, de verbo y de adjetivo,
tan sólo siendo
lamento
¡ay!
o
¡ah!
suspiro.

Sintaxis

Amar
Cantar
Bailar
Comer
Beber
Tener
Partir
Salir
Vivir
están de fiesta.
Con entusiasmo gramatical
se empujan
se atropellan
se maldicen
para marchar a la cabeza.
Nombres
pronombres
adjetivos
adverbios
no dicen esta boca es mía.
Interjecciones en el aire
contemplan agresivas conjunciones
que son puntos suspensivos.
Un hilo de hiel,
amarillo,
de sangre,
se desliza como un río
de venenosa sintaxis.

Indefinidos

Tal vez...
puede ser...
quise decir...
Bueno...
es probable que...
precisamente.
Entonces...
digo yo...
quizás
encuentre?
Es tan solo
una vaga suposición
que...

Imperativo

Es
el más antipático
de los tiempos
pero el que se usa
con mayor frecuencia.

Pluscuamperfecto de la nada

Efectivamente
será todo lo que digan:
el más
pretensioso de los tiempos:
el si yo hubiera sabido...
No es, siquiera, el quiero y no puedo.
Es
el que hubiera querido tener
y no tiene
donde caerse muerto.
Un pretérito que no existe,
nunca vivido
No es ahora ni mañana:
pasado muerto y enterrado:
un absoluto negativo
--ironía de la gramática.
Mira al indicativo con envidia
y hasta al presente de subjuntivo
pero encierra la gran verdad
del pluscuamperfecto de la nada.

Sonido

La vida
será un tango, una guaracha.
La muerte
algún bolero arrepentido.
Se escucha de pronto
un toque de tambores
y el alegre repique de algún güiro.
No es nada
yo le digo a la comparsa:
tambores
castañuelas
y platillos;
un piano tal vez,
la cuerda en la guitarra
y un violín
que emite algún chillido.
No es nada
yo le digo a la comparsa:
todo es sonido.

(.)

(Yo)
entre paréntesis
me veo
prisionero
de convexos.
(Yo)
entre paréntesis
quisiera salir
de un mundo
tan estrecho.
(Yo)
entre paréntesis
me extingo
prisionero
de...
sin embargo...
por cierto...
por otra parte...
¡Es posible!
¡Es probable que...!
(Yo)
entre paréntesis
¡salto!
¡escapo de mi cerco!
Me busco
( )
y no me encuentro.

Retórica

Directamente no podía decirse nada.
Estructuraban oblicuas.
Pero en su inconformidad   insistía.
                    la violencia
en aquellas configuraciones precisas del tiro al blanco.
--¡No puede ser!--
decían los tribunales de guerra.
--Borrarán todas las palabras
                    hasta que no digan nada!--
"¡Era imprescindible para triunfar en el atalier!",
pensaban los marxistas figurativos.
Sin embargo, las horas caían pesadamente
en el crepúsculo implacable
que el tiempo ha tenido siempre.
                    "¿Qué hacer?"
                            pero
                    versos   las
Edificaban   sílabas
                                        caían
                                            una
                                              a
                                                una...
¡y así y todo!
No había más remedio que encarcelar la voz:
Los traficantes de palabras,
en el despacho del Primer Ministro,
escucharon la orden perentoria:
            --¡Apunten! ¡Fuego!

RETROSPECTIVA

Adán y Eva

Con la precisión
del compás
la cuerda
el hilo
la línea recta
y sin duda el círculo
construían
lo primitivo.
No era que lo fuera, digo.
Se trataba del deliberado intento
sofisticado
de la omisión primaria.
Suprimió
las imágenes,
el grito estridente,
el arpa cursilenta,
el cisne durmiente,
la angustia existencial,
la revolución marxista.
Quedó:
la sombrilla china,
la mujer asomada,
el color impresionista,
la niña jugando,
el desnudo de Adán
y la manzana de Eva.

Paseo

El hombre rico se vistió de blanco.
Corbata, sombrero y bastón.
Me miró y me dijo:
--Me voy a pasear por las ventanas.
Le respondí…
--Lo sé
y ojalá que encuentres la sombrilla.
Caminaba por la calle
de las posiciones inverosímiles.
La prostituta
asomada en el seno de la ventana
dejó los muslos abiertos
entre cristales rotos.
El hombre rico se quitó la corbata.
--Lo sabía--,
le dije con malicia.
--Lo sabía.
Sombrero y bastón en la butaca.

Voyeurismo

Cinco mujeres
dentro del cuadro.
Ocultas tras las persianas
me seducen
en sus dimensiones triangulares.
Convergen hacia adentro.
Dentro del cuadro
cinco mujeres mirando:
contemplan mis ojeras en el espejo.
Navego entre lava
perseguido por las configuraciones
de una geometría selvática
y abismal:
todo está allí
como un lacerante misterio
al que nunca llega el barco
con el marino.
Las grandes ojeras de la noche
llegan al amanecer
envueltas
en la niebla
de aquel voyeurismo
donde todo es posible.
Viven el insomnio
de cada noche,
antes y después.
Cinco mujeres desnudas
viajan por mis ojeras
con sus dimensiones triangulares
cuna
sepulcro
de todos los misterios.

Góndolas

La china quiere
marido japonés.
"China y Japón en Guerra"
--No, no puede ser--,
lee el lector de la leyenda.
"China y Japón en Guerra".
En la composición mitológica
el Dragón
tendrá que hacerse el jarakiri.
En el bosque
a orillas del canal
paseaba el marino.
Era un biombo chino.
--No, no puede ser--,
lee el lector de la leyenda.
"China y Japón en Guerra".
Una góndola misteriosa
se pierde en el Gran Canal.
¡Amor Triunfante!
El planeta se desintegra en el espacio.

El barquero desnudo

El hombre está desnudo sobre la barca:
--Mis ojos te andan soñando, mujer,
sobre los labios.
El barco fluye,
va navegando.

La mujer mira la barca con el barquero,
con el barquero desnudo.
La ventana está abierta bajo las ramas.
La mujer desnuda,
de verdes ramas,
asomada,
asomada.
--Mis ojos te andan soñando, marino,
mis ojos sobre la almohada.
Triste ventana
con bella dama.

El barquero por la mar,
con su ventana.

Hilandera

Hilaba cuidadosamente
aquel diseño
que parecía abstracto.
La aguja
entraba y salía con precisión
sin que jamás
cayera una gota de sangre.
Hilandera de sí misma
se colocaba por encima
de cualquier otro diseño.
En el tapiz configuraba
su imagen:
virgo inmaculada.,
virgo potente,
virgo amantísima.
Venus
tejía
el desnudo de sí misma.
Con razón tal vez
todo lo demás
le parecía superfluo.

Bañistas

Desnudas sobre el tapiz de la arena
juegan
con las pirámides de sus senos.
La palma
junto a las olas
se desliza
entre las
revueltas
algas
del sexo.
Hay tribulaciones en el horizonte
pero se pierden
en la complacencia
de aquel lánguido
desnudo
que duerme
y despierta
en los orgasmos de la vida.

Gimnasia femenina

La mujer de cara larga,
larga,
más larga,
larga como la luna nueva
delgada
se puso corsé amarillo,
amarillo como su cara.

Los hombres no la miraban
porque su cara era larga
larga,
más larga,
larga como la luna clara.

Se puso corsé amarillo,
amarillo como su cara,
y quiso lucir esbelta,
esbelta,
pero su cara era larga,
larga,
más larga,
larga como la luna clara.

Noctámbulos

La mujer está esperando
al amante que no llega:
la puerta del cuarto abierta.

El amante no se acerca,
no le llega
(--Caballero,
mis senos son nocturos).

Una incógnita de posibilidades
en la puerta
entreabierta.

En la barca voy,
añorando.

Venus de chocolate

Redonda
la luna llena
se reclina en el sofá
de chocolate.
Amputadas
las extremidades innecesarias
yacen
en el rastro del olvido.
Vive
en el estado místico
del círculo perfecto de un cuerpo
sin principio ni fin
fuente
       de
           dulzor
meloso
azucarado,
prisma que se descompone en fantasía.
Venus
surgiendo
de un mar de almíbar.

Contacto de azogue

Desintegrada
oía
voces transitando
por la concha cerrada
que se abría
al más leve contacto
de la piel.
Clamaba
la sedosa
aceitosa caricia
y se lanzaba
sedienta en el vacío,
contemporánea,
buscando afanosa
un límite,
un horizonte donde el sexo
encontrara su satisfacción.
Inutilmente
se miraba en el espejo:
quizás allí
su propio contacto de azogue
la retuviera
perenne en el goce.
Nueva,
latía en remotas orgías
idas.
Incrédula
miraba el tiempo que se iba
esperando
un retroceso primigenio
anterior inclusive a la serpiente.
Nada.
Se escapaba en orgasmos:
noches sin tú,
sólo en yo
--nunca se había conocido una soledad más intensa.
Sólo al principio, tal vez.

Inundaciones

El cerebro lo es todo:
la carne
y
el espíritu,
la prosa
y
la poesía,
el latido del corazón
y el apetito,
el insomnio del deseo.
Es el gran voyeurista
de espacios insondables de Dios,
coreógrafo de fantasías
y creador
de las grandes inundaciones.

INCOGNITAS

Duendes

Las noches
están pobladas de duendes
que tocan a nuestras puertas.
Las abrimos
y penetran dentro de nosotros mismos.
Formas extrañas que gimen por dentro.
Siniestros
y torcidos
nos espían biológicamente
dentro del paisaje interior,
corren
por las venas de nuestra sangre
agazapados
en el laberinto de los nervios,
duendes de la carne,
duendes biológicos,
tema ancestral:
crimen perfecto.

El vuelo de Icaro

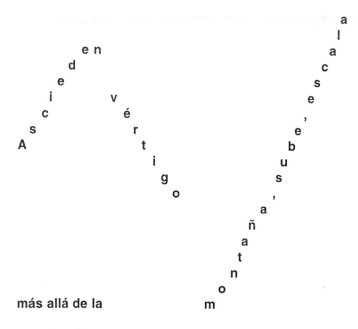

más allá de la

rom-pien-do
los límites trazados por la norma

```
 _____
|     escape         |
|   imposible        |
|_____|
```

insiste en la búsqueda tenaz
que   obstáculos
desconoce   obstáculos
meta?   obstáculos
Sérá posible llegar a pesar de los   obstáculos?
                                      obstáculos
                                     obstáculos
                                   obstáculos
                                        abismos siderales?
Conjura atroz del espacio!
Vuelo de Icaro!
Alas quemadas por el Sol OmniPotente!
Audacia ESPECTACULAR!

```
        o  s
     l      u
   e          i
 u              c
v                i
                  d
                   a
        sigue
        avanza
        no  te  detengas
                      j
                       a
                        m
                         á
                          s
```

Pero qué sucederá si nos encontramos que no hay

                                    nada?

Cementerios circulares

Recorríamos senderos hacia el mar.
Allá
en las profundidades de las aguas
encontraremos el silencio.
Nos sumergíamos
para escapar
de las estructuras mecánicas
de la muerte.
A cada lado
la
teníamos como una custodia fiel.
Las profundidades del mar
con todos sus misterios
se presentaban
como forma salvadora de exilio.
Se cruzan fronteras
se buscan pasaportes
con la esperanza remota
de salir de una parte
y llegar a otra.
Sorprende la igualdad geográfica
geométrica
de los territorios
convertidos
en cementerios circulares.
Quizás en el fondo del mar
                    exista algún comienzo.

La solución de la incógnita

Lo que había entonces
no se sabía exactamente.
Las teorías más contradictorias
buscaban una reconciliación.
Nada.
La constante oposición de las incógnitas
imposibilitaba la solución de la ecuación
y hasta los más conocidos astrólogos
y los más matemáticos geómetras
no podían desentrañarla...
...de ahí no podían pasar...
y se quedaban con la boca abierta
esperando la caída de una mosca.

Asfixia

Indiferente pasa el agua por todas las vertientes.
El viento hace otro tanto en el espacio.
Y las montañas, dan siempre la espalda.
La monotonía del mar
se expresa constantemente
en la poca imaginación de las olas.
Entonces,
¿por qué esa crítica pertinaz al bloque de cemento?
¿respiro en la piedra?
Posiblemente
El tiempo
              roca de aire
                        cae pesadamente.
Todo es ceniza
              esqueleto de volcán.

Verdad de ostras

Secretos,
secretos dentro,
secretos tan encerrados en el secreto
que callan en su concha
una verdad de ostras.
Si los pudiéramos decir,
los diríamos,
pero están en el arca de la muerte
encerrados con los candados de la medianoche.
Se entierra el bisturí:
procedimiento quirúrgico que nos aterra
por la ignorancia
de su inútil sabiduría.
Por dentro,
secretos,
la gran incógnitia,
el gran tabú,
la esfinge,
profunda tumba que llevamos dentro
donde está la verdad,
toda
desconocida.
No los sabremos jamás:
son los jeroglíficos de la vida
donde la muerte duerme su siesta
y respira.

Terapia

Los hospitales son blancos.
No hay luces ni sombras.
Todo tiene la nitidez del cloroformo.
El seco sabor de la higiene.
La sonrisa amable de las enfermeras.
Las sombras siniestras de las radiografías.
La pulcritud inútil del silencio.
Los hospitales son así.
Tan buenos, tan gentiles,
            con una espada traicionera.
Quiero que Dios me libere
de la lacerante luz de sus eclipses
y me deje yacente
en las antiguas catedrales
entre gárgolas horrendas
y ángeles transparentes.

Comunicación

Todos los días me rebelaba en la garganta
porque había olvidado los idiomas.
El habla hermética
incomunicaba.
La yuxtaposición de textos
componía la retórica
de un nuevo lenguaje.
Lo escuchaba todo sin entender
y todo lo decía para que no me entendieran.
Finalmente
sólo decíamos "buenos días"
¿Me conformaba?
¿Sobrevivía?
Quizás,
        "así así"
                ¡El peligro era inminente!
                    Por eso
        todos los días   en el desierto
                me rebelaba   predicando
                        aullando
                        como   '
                        un
                        perro

CIRCULO   VICIOSO

I

EN SU IMPOTENCIA ALZADA
cuando la órbita del cielo en su acogida
envuelve mar y tierra
cosmos
la sarcolema que corteza nuestra fibra,
sativa cultivada del espíritu,
en vano trata.
No silvestre
sino tañida tanto a tanto
tao de una orden en desesperado vuelo
que instala el sufrimiento.
¡Truena el relámpago, garganta de la llama!
Grito insuflador
de nuestro instinto ahuya!
Y paso a paso
en el fallido ando,
el paso en falso
vuelve
atrás lo previamente andado.
Retuerce la materia
fantoche,
faramalla,
el cosmo abierto se queda desgarrado
la voz es mano
EN SU IMPOTENCIA ALZADA.

II

QUE SOLO EN ASPAS ENCONTRARA...
De vil materia
común aserto
erosiona
acaba en el instinto
encizaña el deseo
y hace nido.
En cuna se mece
erecto
en la epidermis resistencia
y epitafio
cobrando erario.
Cronista de un banquero que acumula
dureza de placer
y subordinado espasmo.
¡Sal de ti, atila encarnizado!
Vuelve la voz al agua,
el agua al viento,
no se escucha envuelto en su crustáceo,
pétreo de fuego,
caparazón de fibras
QUE SOLO ASPAS ENCONTRARA...

III

¡LA SAL ENDULZA COLMILLO JABALINO!
¿Dónde va la luz
y dónde el vuelo...?
Cruzados de una causa
de Dios
escondido tras el muro,
miro al aire y el aire encuentro
y al agua, agua.
En la criba tamizo mis pecados
inexorable carnicero
de mí mismo.
Caníbal yo, verdugo riguroso,
crustáceo de mi muerte y de mi nada,
junto a la roca
punzante langostino.
No hay vuelo sino fondo aunque haya agua.
No hay luz aunque haya llama.
Ligamentos lustrosos de membranas,
delicias de la llaga.
¡LA SAL ENDULZA COLMILLO JABALINO!

I V

LA NOCHE CONDUCE SU CALLE SIN SALIDA
en ángulo estrecho hacia un barranco
angosto
sepulcro de una ilusión roida.
Toco
y grito a voces
llamo.
El hircocervo
fabuloso
hirsuto
un desesperado sueño entierra.
Tajante
cae hacia el fondo:
la mano abriga la ilusión de un asidero.
Asciende
a la mano de Dios
mientras
LA NOCHE CONDUCE SU CALLE SIN SALIDA

V

ORFEO DE MI PIEL
música asciende
mientras desciende
tañendo mi agonía
cantiga de palabras.
Pregunto,
indago,
inútil cuestionario
de la Esfinge.
Acertijo ridículo de la nada.
De nada vale
la lumbre
el fuego
la palabra.
Un alfabeto que construye
infierno de la voz
silencio indaga.
Repite el cuestionario
una
mil veces
y sólo encuentra
cantigas de palabras,
ORFEO DE MI PIEL

VI

LICENCIA PARA EL CRIMEN
tiene
el pernicioso agente
que me sigue
mientras camino
con el escombro de mi vida:
ramajes secos
en una calma de estío.
Transpiro
nada.
Escamoso,
pegajoso,
me cubre la piel
este largo verano
insomne.
Duermo
con los ojos abiertos
bajo la sospecha
de que al menor descuido
entrará el lugar común,
pistola en mano
para atravesarme
su puñal en medio del pecho:
la compañía inevitable,
ese asesino
que tiene
LICENCIA PARA EL CRIMEN.

VIII

SERPIENTE DEL TRASPIES
que se levanta
dispuesta viperina
en su trastada.
Nunca se detiene nunca
la arrastrada.
Vive escondida
entre puertas y ventanas
suelo y tejado
y se alimenta con el veneno
que desangra.
Reloj de arena
eterno
la amamanta
la gota inagotable
que nunca muere
porque matar
es su ponzoña sabia.
Cumplida la sangría
te retractas,
enroscas tu cizaña
hasta mañana,
eterna,
agria y ufana,
SERPIENTE DEL TRASPIES.

IX

¡A MI QUE ME LLEVEN A LA FUERZA!
Viajero sin equipaje
es aquel que ha dejado atrás todas las maletas.
Las regulaciones pertinentes
han imposibilitado
el acompañamiento
y hay que dejar
toda memorabilia.
Las restricciones de aduana son absolutas:
no se puede llevar
ni esto
ni aquello
ni lo de más allá:
nada.
Cuentas claras:
uno se va
tal como se vino.
Como lo vinieron se lo llevan.
Decididamente
bajo tales condiciones
no quiero irme,
yo
que he viajado tanto.
Decididamente, no.
Ciertos lugares desconocidos
tienen un alojamiento discutible.
Decididamente, no.
Vamos, que todo tiene su límite.
¡De ninguna manera!
Dirán, como siempre
que soy un obstinado
y que quiero salirme con la mía
naturalmente.
--Pero...
--No, no hay pero que valga...
Pues, digan lo que quieran.
Conmigo no cuenten.
Yo, me quedo.
Y si me tengo que ir,
¡A MI QUE ME LLEVAN A LA FUERZA!

X

PREFERIRIA QUEDARME
¡Qué recalcitrante deseo de no irme!
No tiene sentido.
Yo, que siempre he estado de un lado para otro.
Esto, realmente, no vale nada
--pero es lo único conocido.
Será la razón,
porque no hay otra.
Nunca me ha gustado este
territorio de la discordia
y de la malaintención.
¿Entonces?
Partir sería preferible.
Lo que pasa
es que siempre he llevado equipaje.
Sin libros
sin lápices ni plumas
sin máquina de escribir
y sin teclado
no tiene sentido.
Esto está mal
muy mal
--diría que no sirve para nada--
y sin embargo,
no sé por qué
pero así y todo
PREFERIRIA QUEDARME

PALEOLITICO

INTERIOR

Castilla es ancha

Me gusta el Cid,
porque exiliado se alejaba en su epopeya
y tierra de Castilla
a sus espaldas
al frente divisaba.
Así Castilla,
pues de su sangre vengo,
se entronca
en islas
unidas por venas misteriosas
que corren por el fondo de los mares,
vecinas
en bien distantes aguas.
Los océanos
cual corrientes
cálidas
desde el Golfo
(que golfos hay en bien lejanas playas)
hasta Castilla marchan
llevando sus ardorosas voces
ya nunca congeladas.
Me gusta el Cid
porque conquistaba moros
en busca de un retorno.
Yo no quisiera
conquistar
de otros la sangre,
sino siempre la mía,
y volver siempre a la verdadera patria
que está en el hombre
allá en el fondo de venas castellanas
de corrientes cálidas
que desde tan lejos
están
al amor
perennemente esclavas.
Castilla es ancha

Self-control

Todos los días
la rutina del odio
y de la envidia
que no alcanza la dimensión de la muerte.
Nos saludamos
decimos buenos días
buenas tardes
buenas noches
hasta mañana
adiós.
Pasa el día y no hemos dicho nada.
Tal vez
en un buen día
alguna discusión acalorada.
pero ya
nunca más
nos desangramos con verdaderos puñales
ni dejamos cadáveres insepultos
en medio de páramos desolados.
No hay nada de eso.
Por dentro
sin embargo
corre la emponzoñada sangre
de secretos rencores inundada
espinas que se clavan
ladridos ahogados por la civilización y la elegancia
cortesías
sonrisas
gentilezas
una cosa que en inglés se llama
"self-control"
(el que se controla solo)
y que estoy
aprendiendo
día
a
día
hasta graduarme,
aunque
        temo
            que nunca obtendré el doctorado.

158

Réquiem

Se han burlado de mí
con la osadía
de la ignorancia.
Sin embargo,
justo es decirlo,
han tenido
la sabiduría del conocimiento.
Las palabras
efectivamente
carecen de sentido.
Transitorias
mueren en el papel
como cualquier
hijo de vecino.

El hilo telefónico
A Stefan Baciu

El hilo telefónico
nos unía
en un espacio
acuñado de
> palabras
> noticias
> trampas
> fraudes cotidianos.
Sobre el oktoechos escuchábamos,
soez,
la voz de la furia.
Nos congelaba
un silencio mortal.
Entre poemas
la prosa malsana
rompía la rima.
De Montes a Baciu
de Stefan a Matías.
Ahora
el hilo telefónico
es la poesía.

Shirley Jackson

El mal existe en todas partes.
Tengo un disco con la voz de
  Shirley Jackson.
Quisiera ser poeta
para escribirle un poema
a Shirley Jackson
que ya no está.
1919-1965
Recuerdo cuando ella llegaba
  a la casa victoriana
de Miss Strangeworth
y cuando allá en Meadville
  paseábamos juntos
bajo los grandes árboles de Park Avenue
y mirábamos la casa victoriana
de Miss Strangeworth.
Es extraño, Shirley,
que la posibilidad del mal se extienda
entre las rosas
de Miss Strangeworth.
Pero en todas partes
  queda la esperanza de tu presencia.
Recuerdo
las ramas grises del invierno
la nieve del invierno
las hojas del otoño
y el verano
el parque de Meadville
  con el general Meadville,
tan gallardo,
al centro, y las iglesias
episcopal
metodista
unitaria
alrededor,
y veo
a Miss Strangeworth
recorriendo las iglesias
y besando suavemente los sudarios,
tu sudario tal vez,
pobre Shirley Jackson.

Pero de todos modos me consuela saber
          que tú estabas allí,
no sé si en tu rosal
          o entre tus libros,
tejiendo la madeja,
largamente,
escribiendo un poema para niños.

Cárcel

El corazón
lo tengo clavado
en el fondo
de la desesperanza.
Nada
podrá abrirlo
a la ilusión
de las cosas.
Estoy encerrado
en un bloque
concreto
de cemento.

Fuente

Castigo despiadado me lacera
sin salida y sin luz
muy lentamente.
A cada hora viene y marca la cadena
con la precisión exacta de la muerte.
Un dolor tan secreto
filo aullido
gemido sin la voz
puro cuchillo
que la palabra oculta
en una fuente
donde no hay agua
y sólo sangre vierte.

Cosecha

No se me ha olvidado la cosecha
que de espinas ha sido muchas veces.
La luna en la cuenca de sus ojos
recuerda la pupila de la muerte.
Vaga la nube
el cerco de la luna,
redil implacable que encierra la salida;
la lluvia esparce
abono de lo inerte.
El pétalo cae a su debido tiempo,
marchita queda la planta que dio vida,
huella del tiempo reseca en el barbecho:
ya nada hay como si no hubiera habido
la primavera llega
y la cosecha duerme.
La gran sequía:
el manto acogedor que se nos tiende.

Memoria

¿Quién se acuerda de ti?
                    --Sólo la muerte.

Vuelo

Tenía el corazón enjaulado
en la piedra inexorable del tiempo.

Daga

Con la vieja daga
en el costado
me arranco la espina que me entierran
sin arrancarme la otra que se queda.
Camino por la roca y por la arena
el nombre borra el agua
el horizonte cierra
el hueco en que yace en mi cabeza.
Nada que decir
ni hacer
vuelve la ola
que viene y se despide como siempre:
compromiso que cumple con la arena.
Camino sin tiempo,
sin tiempo
y sin sentido,
con la vana ilusión
que al caminar yo fuera.
De nada vale
andar
quedarse
palabra
verso
silencio
voz
agua
y arena.

Vacío estoy del verso y del poema

Me han robado las palabras todas:
vacío estoy del verso y del poema.
Descansa mi cerebro inerte
en el hueco sin fondo de la arena.
Yo las he dado en grito
que encuentra compañera
en el pertinaz silencio de las venas.
Ni venas hay,
desdigo,
ni latido,
ni corazón,
ni arteria.
En un cerebro iluso
creer que hay
es afirmar que existe
cuando el no haber
es la única certeza.
Sin compañía estoy,
abandonado;
espero un tren
donde no hay andenes;
algún mensaje
que la nada entrega.
Toco a puertas donde no existen puertas.
Abro ventanas en donde no se encuentran.
Es un hacer donde el no hacer se hace.
Es un crear que en su crear descrea,
un devenir que en ir se desvanece.
Viajo en un viaje donde viajar no existe.
Vivo un vivir donde la vida es muerte.
Cantar no es canto
pero escribir es pena.

Tara

A José Agustín Quintero y Pedro Santacilia, poetas de El Laúd del Desterrado

La cópula feroz del fiero abrazo
engendró tarada una semilla
que busca renacer en un espacio.
Como si fuera una simiente
queremos salvar lo que seremos,
en la mordida.
Corta el cuchillo el brazo,
el corazón
cava la herida,
y por costumbre
la daga entierra
en habitual grito de guerra.
Muerto el hermano
pensamos en la vida.
Rompemos lanzas contra cielo y tierra:
daga enterrada en nuestra propia herida.
La sangre fresca va tarando el suelo,
ara la tierra,
abona la semilla.
Cosecha pertinaz,
hermano contra hermano:
maleza de la vida.
Tara semilla
eternamente tara
lluvia de sangre
tara en el tarado.
Tara la tara
en la que el más tarado
tara tarando
el surco del arado.

Vive feroz aquel siniestro abrazo
que diestra cortó para amancar la mano:
manco feroz que entierra su cuchilla
en el seno yacente de mi hermano.
Surge la vida con tara de la muerte,
gota de semen
y ovario que germina.
Fruto de sangre
es nuestro ardiente cáliz:
costumbre de la muerte y de la vida.

Paleolítico interior

Para Calvert Casey, suicida en Roma

Quién pudiera escribirte
Calvert Casey
ese nombre tan raro que tú llevas
tu dirección no tengo
un poema a la fosa de tus huesos
que en Roma descansan de las fieras.
Catacumbas
olvidos acumulan
regresan en relatos
paleolítico interior de los recuerdos.
¿Olvido eres
Itálica desnudo?
Nada mejor que en Roma para recuerdo hacerse.
La muerte cae como si fuera un templo.
De roca da su Coliseo al tiempo
inmensa dentellada de la muerte.
En foro y en columna y en constantino arco
ceniza tú
estás en polvo que se eleva y calza
la cotidiana sandalia de tu gente.
¿Olvido eres o tu recuerdo haces?
Memoria que persiste en la distancia:
herencia en piedra,
en polvo de caminos,
pervives recordado en tus andenes.
Estuve allí en terminal de trenes
donde sin duda tú
de allí partiste un día.
Allí el reloj donde constante tiempo
pañuelo blanco de ti se despedía.
¡Qué buen morir en distanciada especie!
¡Qué buen saber en pesarosa ruina!
El cráter óseo del Coliseo lanza
su dentellada al v iento que es la vida.
¡Y tú en las catacumbas y yo en el agua!
¡Y tú entre leones,
yo aquí con mis togadas fieras!
Yo que de bruma soy soy de ceniza,

Tú me llegas hoy reloj de hoy
¿Olvido eres o mi recuerdo haces?
¿Olvidarán milenios?
Y si el recuerdo tiene la savia que no tengo...
¿Cómo saberlo?
¿Recordarán milenios?
Si tu ceniza en mí y yo en la tuya
si construyes en mí y en ti construyo
la destrucción no puede en construcción que tengo
en destrucción me creo
y la ponzoña invierto.
Paleolítico interior
                          en ti me vuelco.

CONCIERTO

La voz de la furia

El atardecer
compone sus colores.
El canto soterrado
busca
la voz de la furia.
Un estruendo ensordecedor
despedaza
el pentagrama.
La voz principalis
y la voz organalis
orquestan el caos
sin abrir el mar a lo terrible,
cerrando el cielo al desconcierto,
variaciones tonales
que no pierden la noción de la armonía.
Sin embargo,
es inevitable.
Truena
la voz de la furia.
Un estruendo ensordecedor
despedaza
el pentagrama
y rompe los espejos.
Entran rojos intensos
en el paisaje del sonido.
Un manto negro
luctuoso
cubre pesadamente
la frase oscura
quebrada
en un tiempo agreste.

Taladro

De profundis
emerge larvada
la voz de la furia,
ojo sonoro perfectamente reconocible,
taladro,
pulpo voraz
que borra todos los sonidos
y despedaza
nuevamente
el pentagrama.

Las flores celulares

Podía escucharle la sexualidad.
Como una mariposa
revoloteaba por el jardín
entregándose infinita
al placer de la cópula.
Se abrían entre las rocas de lava
negros cementerios
y
sin embargo
no obstante ello
germinaban al atardecer
ensoñaciones fantásticas
flores celulares
que depositaban sus genes
en el crepúsculo.
A medida que parecía que llegaba el final
se teñían de rojo
sangre tal vez
vida
y
muerte
en un péndulo incesante.

Resurrección

En su sepulcro,
cápsula de cemento,
palpita
el corazón del átomo
esperando la resurrección
de la muerte.

Escucha
atentamente
el latido de la medianoche.

El canto del átomo

Torcida la cabeza y vuelta hacia atrás
construye la noche un vuelco,
estrangulada,
en la transparencia radioactiva del calor
que no se podía predecir,
tan imprevista como la vida.
Cobra la muerte la cuenta
lentamente preparada,
calculada,
que suma un espacio de errores.
Encerrada en paredes de cemento calcinado
se escucha la explosión del tiempo.
Abre su garganta de fuego y humo,
canto atronador
y sube
bajando a su vez a las entrañas de la tierra,
volcán de dos cabezas,
la ferviente serpiente radioactiva.
El tambor de los átomos
entona su canto primitivo
en busca de espacio.
Se compone la sinfonía
en un pentagrama que se disuelve
en el canto del átomo.

El canto soterrado

El canto soterrado
busca la voz de la furia
como si allí
pudiera estar la música.
Es un estruendo ensordecedor
que despedaza el pentagrama.
Quiere salir de su concha,
llamar desde el fondo del mar,
huracanado,
destructor.
Cielo y mar
no escapan
al conjunto opositorum.
Aire y agua
se desintegran
en el desconcierto.
De corredor en corredor,
de espacio en espacio,
de tiempo en tiempo,
lucha
en laberintos de sonido y de silencio.
En la angustia
se destruye
el sonido soñado.
Tal vez...
una melodía más simple,
más convencional,
una orquestración diferente,
más precisa,
con menos agua,
con menos aire.

Se escucha la fuga que vuelve
sin haberse ido.
La sinfonía se compone
como un círculo roto.
Se abre
la concha del espacio
que apunta
hacia el universo
y
no
mira
hacia atrás.

Pliegos

Por el aire se esparcen
pliegos de papel.
Están
poblados de palabras,
las mismas y otras nuevas,
que buscan su nido
en un desierto
erosionado de arena.
Cumplen
un destino migratorio
en el territorio de la sequía.
Espirales
en caminos litúrgicos
cantan en la espuma de agua
sus acordes sinfónicos.
Se acercan y se reconstruyen,
se ordenan y se desordenan,
se buscan y se separan
en la ecuación perfecta
de los textos.
Vuelan,
aves desoladas,
especies migratorias
camino de su exterminio.

Fuga

Om
de un instante efímero
liberación momentánea
de hora y de lugar
tecla interior
de sonido imperfecto todavía
ansioso de perfección
espíritu del Om que no era el Om
sinfonía no formada todavía
concierto por crearse
en el aire inconcluso.
La fuga
se vuelve imprecisa
velada
contenida
y queda
calladamente sepultada
pero sin morir,
sojuzgando sus propias emociones
en el pentagrama de la voz
suavizando el color
y , egresando,
avanza en el barco interior,
paraje distante de la fuga.

Letras

Se regeneran
en su juego triangular;
plantean
su propio acertijo;
buscan
el punto más allá del himno;
combaten
la voz de la furia.
En su destino migratorio
desterradas
van
de corredor en corredor,
de pasadizo en pasadizo,
de laberinto en laberinto,
indagando
de puerta en puerta
por el principio y fin
del oktoechos.
Conjunto opositorum
encuentro ensordecedor
que despedaza el pentagrama,
caen decapitadas
por la sílaba del imposible.

Precisamente

Sobre mi inquietud
pasa el tiempo
construyendo
lentamente
las cenizas.
Yo supongo que tenga
alguna forma
y el largo silencio
de un sonido.
Afirman
que sus notas
pueden escucharse claramente
cuando ejecutan
su sinfonía
y cuando hay una quietud
tan absoluta
que sólo se oye
EL
cuando,
precisamente,
para ser exactos,
estamos muertos.

Composición

El sonido velado se hunde en las aguas
buscando la sílaba Om
sonido no manifestado
oculto en la concha
que es
su ostra cerrada.
La sílaba Om
se compone y descompone
en la armonía
y desintegración
de tubos acuáticos
y celestes.
Emergen las palabras
que han elevado su voz
desde el fondo mismo del túnel,
inventando
letra tras letra,
palabra tras palabra,
sonido tras sonido,
hasta llegar
a la composición primigenia.

Nocturno

Voces sin voz
esas son las palabras
refugiadas en un destierro de papel
buscando el territorio de su música
en la nota oculta
escamoteada.
Las teclas las ejecutan como un piano
lanzándolas al paredón de su muerte
en un nocturno que descompone
noches descabezadas.
El tiempo las agolpa,
inclemente.
Caen en su desafuero pertinaz.
Lanzan oblicuas,
dardos en el aire
que terminan
en un nocturno asonantado.

Oratorio

La luz carece de todo,
como las sombras
o las sombras de la luz.
Las palabras se pierden
en el fondo del mar,
donde dicen,
--no puedo decir quién--
que ha empezado todo.
Repetición de letras
que se prolongan
hasta la nada
buscando en su seno
aquella música de las algas,
silenciosas y enigmáticas
coro
oratorio desconocido
donde dicen
--no puedo decir quién--
que empezaron todas las palabras.

Dúo

Sobre el oktoechos
se interpola
un canto desolado
que busca
nota
y
espacio,
un himno
que se asusta de sí mismo.
Entra el sonido de lava
que es
la oscura voz de la furia.
Otra voz en off,
lamento remoto
que se hunde en el horizonte
canta y compone
la distancia
de su sinfonía.
Como si fueran
dos voces mágicas,
flotan,
se acercan y se alejan
de solsticio en equinoccio
construyendo un texto
que se diluye
en espacio y silencio.

Conjuro

Sube
por los caminos de la espiral
la sílaba Om
el sonido a la letra,
la letra a la palabra,
la palabra a la música.
Cantus firmus,
júbilo sagrado,
gótico fantástico.
Vuelve a Duala
con el lenguaje del tambor.
Oye y ejecuta.
Se ahoga
el réquiem del agua.
El cosmos se diluye en el aire.
Las notas se deslizan
imprecisas
en un conjunto
de címbalos antiguos.
El avatar cumple su destino:
el sonido a la letra,
la letra a la palabra,
la palabra a la música
conciben
la rúbrica.

Concierto

Me pareció escuchar un temblor.
Trataba en vano
de componer la sinfonía,
estructurar,
matemáticamente,
el concierto.
Y sin embargo,
a medida que lo hacía
el tiempo revoloteaba y se iba,
cerrando pasados
día a día,
encerrando atrás cosas que ya no estaban,
palabras
que navegaban por el aire.
Nada podía ser:
la voz se ahogaba lentamente
en el intento,
la canción se perdía en la ida melodía
y se abrían soles
y lunas
y noches
que también se irían para siempre.

YARA

INSOMNIO DE

EROS

Penas de amor que en el amor se curan

Penas de amor que en el amor se curan
no busques consuelo tan solo en el olvido
porque el recuerdo del amor se te sustenta
en el beso que en ti busca su nido.

En tu boca lo busco con ávida locura
de un amor tejido en tiempo y en suspiro,
pero más que estar ha sido estar contigo
y contigo tener amor es todo lo que pido.

No tener tu amor es mi mayor castigo;
tener tu deseo desea mi vehemencia:
fuego que arrebata si no se entrega en vivo.

Encuentro del deseo, amor en convivencia,
cura este dulce mal con lo que todo cura:
alli donde se encuentra mi vida en tu presencia.

Autorretrato

Durante la tendida cuenta de los días
sumando de meses y de años
has estado arropando
el tapiz de mi vida
tejido con el tuyo.
Hilanderos de amor
hemos tejido
cotidiano paisaje de la vida.
No hay uno
sin el otro
y sin el otro uno,
no hay división posible
en esta huida,
encuentro que nunca se termina.
¡Oh gran total
de horas compartidas,
unidad de pincel,
autorretrato,
imagen de los dos
que configura
el espejo real
de nuestras vidas!

Quién es aquel...

Cuando embrincado en mi corcel de fuego
no hay brida que pueda
embridar
el desbocado asalto.
De urgencia sin control
el ritmo se mantiene
acompasado
en descompás que acompasado viene.
Urgencia feroz
de un bosque de leones
descontrolo
el vaivén
y lo disloco
en sacudida que se armoniza luego.
No me conoces:
incógnito soy enmascarado
quién es aquel?
no lo sabías
desconocido
            viene a conocer
desconocida.
Tan escondido estaba allá
en tu aliento subterráneo
que me gestaste como si un parto fuera
donde en mi carne
gestaba yo
un óvulo de fuego.
quién eres tú?
no lo sabía
hasta que tu propia llama hice en la mía .
Me amamantaste
con mi propia leche
que manaba ferviente de tus pechos
Mi conjunción creciste
y en mi cintura:
el movimiento tuyo fue mi crecida,
tuyo fue el beso.

Cárcel de fuego

Encerrado estoy en tus prisiones
sin querer escapar del carcelero.
No vivo en mí si no hallo mis cadenas
porque por ellas en tu carne vuelo.
No hay modo de salir
que arden las paredes
de nuestra piel
y nuestra propia hechura
yo mismo quemo
porque tú ardes
en igual fuego.
Encadenado
en brida
que no embrida
atrapado dentro de ti
no me hallas fuera;
estoy dentro del fuego
quemas y quemo.

Extasis

La intensidad del erotismo
me sostiene
en la forma que tu cuerpo
le da a mi piel.
Se dirige hacia ti
en la configuración de la articulación
de los deseos.
Nada antes había existido
ni existirá después
pasado el momento de la suprema lujuria.
Arrastra el órgano al órgano
en una caida
erecta
por el fuego
del lugar común:
el cielo y la fosa de uno mismo
donde
al menos
los dos estamos juntos.

Fluir de ola

Yara, adentro de ti me hallo
y dentro de ti
se oculta
y crece
y se avalancha
lo que de mí cuerpo
por tu cuerpo surge:
un corazón
en que palpita erecto
el escondido tuyo
que en mis adentros llevo.
No busques fuera
lo que yo tengo dentro.
No acalles el latir
con que mi piel construye
la cincelada forma
que en ti cincela el cuerpo:
opuesto complemento
que complementa opuesto:
ese fluir de ola
en que mi interno.

La Flecha de Cupido

Con una estocada
que con la espada
estoca,
lanza la lanza
el dardo que precisa
la respuesta.
Un descuido precoz
un paso en falso
interrumpe
el devenir
del arco y flecha,
hace un silencio
que sólo
resucita
cuando vuelve el tacto
a decir te quiero.
Suelta el lazo el nudo que lo ata
si el beso tiene la conjunción de tiempo y fuego
y carne encuentra la carne que lo habita
y el alma halla el alma que la sierpe.
El reloj pierde la cuenta
al no contar el tiempo que
Amor
en movimiento
tienta en su flecha.

Insomnio de eros

Por momentos creí que el amor
no tenía carne,
que estaba hecho de unos besos eternos
tiernos
más allá del fuego,
que vivía entre los dos
con un latido de caricias.
Y ahora que es fuego
en despedida
arde en la piel
y quema
de tal modo
que a veces se convierte hasta en herida.
Herida de la boca
y de los pechos
el sexo en mí levanta
y en ti agita
con la inversión de un tiempo
más joven cada día.
Un eros contradictorio
lo hace insomne
inquieto
forajido
delincuente casi de la vida.
En su deseo de piel
ay se encabrita
ante el peligro que yace en lontananza
aferrado a la punta del deseo
el lugar común
que da la vida.

CUBA

Sello

Una identidad de no ser otro
confirma
la vertebral columna
que nos sostiene.
No es palma
no es bohío
no es La Habana.
No es conga
no es pachanga
chancletera
Es la forma de ser de lo que somos.
Compleja circunstancia
de la historia:
sello.
Cuba soy yo:
ser otro es nada.

Isla de cenizas

No hagamos
de la Patria
patente de corso.
No hagamos
de la Bandera
aderezos de carnaval
ni excusa del escarnio.
No hagamos
del Himno
melodía del insomnio,
pentagrama de la pesadilla.
No hagamos
de la Memoria
habitat del orgullo.
Sacude la luz al fuego,
la noche al cielo,
y se hunde en el horizonte
una isla de cenizas.

Paisaje

Cuba es
      una herida que no se cierra

Atraviesa el sol con un puñal helado
el corazón transido en la distancia.

Viene de fuego un ave
             que no canta
calcinada.

Un oscuro de sol
         donde transita
un cementerio.

Herida abierta
       paisaje desolado.

Proceso de cambio

Cuba
en tu palabra encuentro tu sentido.
Ya no tienes
las fronteras
limitadas
de tus palmas
ni el conjuro de frutas
de la cornucopia del ayer.
Mueres
en la abstinencia de la vida
sometida al hambre de un proyecto caduco.
Dejas atrás la vereda tropical
que entonaba el bolero
el edén perdido del plátano y la papaya.
Ya no eres cadencia de mulata santiaguera,
mito.
Tierra cuajada
de piñas,
aguacates
y mamoncillos.
Caes
a pedazos
con nostalgia de rumba,
cabeza decapitada en el agua
recuerdo de lo que había sido.
Réquiem
en el sepulcro imaginado del poder y de la nada.
Cabeza de Jano
que miras sin encontrarte,
retorna al diamante de un futuro resucitado.

Bicho que nunca muere

Sobre la escalera de recuerdos
se levanta
la constancia del maleficio.
¿En qué consistirá la resurrección
de los muertos?
Es difícil recomponer
la descomposición
que transita
en una perversión
que nunca desfallece.
Drácula feroz
fantasma milenario
la Transilvania tropical
succiona
y se alimenta de los cadáveres
de su gran   cosecha,
                        caña,
                              zafra,
                                    abono,
estiércol
de un bicho que nunca muere.

Historia

La historia
es un puñal desconocido
que no se sabe
adónde va
ni de dónde viene.
Incógnita fatal
trastada cruel
de lo ignorado
donde caben todas las posibilidades.
Un sí
y un no,
ni un sí ni un no,
jugada inescapable
ruleta mortal
carta de la baraja
lotería final
donde
quién sabe,
probablemente,
los últimos serán los primeros.

Creador del insomnio

Creador del insomnio,
traición que se mira en el espejo:
a nadie dejas dormir en el desvelo.
Es una isla insomne que navega
como un buque fantasma
sin bandera.
Ondea en el mástil la galera
castigo de una nave que encarcela
a los que van en ella
y a los que a ella llevan
en paisaje interior
acá en el pecho.

Destino

Lo que será de ti
nadie lo sabe.
No serás lo que fuiste una vez
ni lo que ahora eres.
Memoria de lo que fuimos,
recuerdo en olvido
trashumante,
navegas dentro del pecho
y te clavas.
Somos tu paisaje
tu cielo
y tus palmas.
Al irnos nos volvimos tú,
nadie te arranca.

Cuba

Cuba
es
un punto fijo
en el desierto
de la memoria.

Cuba
es
el desierto
de la memoria.

Cuba
es
el desierto.

Cuba
es
la memoria.

Cuba
es
un   •

Cuba

CRONOLOGIA

1950   "El campo del dueño",
Nueva Generación, La Habana.

1965   "Soneto a la rosa de las rosas",
Mele, Hawaii (Diciembre)

1966   "The Possibility of Evil", **Mele,** Hawai i (Mayo)

1967   "Proceso". **Mele,** Hawaii (Mayo)

1967   "El campo del dueño",
Proa, León, España (Oct. 22)

1967   **La vaca de los ojos largos.**
Mele, Honolulu, Hi.,

1968.   "Hiroshima Girl Got Married",
Azor, Barcelona (Junio-Sept.)

1968   "El campo del dueño",
El Día, La Plata, Argentina (Enero 23)

1968   "Industrializarán la tortilla española",
Mele, Hawaii, (Nov.)

1969   "Arab Bomb Kills Guard in Israel",
Carmoran y Delfin, Buenos Aires, (Mayo)

1969   "La vaca de los ojos largos", "Oda a los obreros
de la Remington", en
Antología de la poesía hispanoamericana,
Editorial Ríoplatense, Argentina.

1970   "Transition", **Azor,** Barcelona (Enero-Marzo)

1970   "Industrializarán la tortilla española",
Azor, Barcelona, (Julio-Septiembre)

1973   "Instant Mix", "El Sil a cada paso", "La palabra"
Círculo Poético, Troy, New York.

1973   "Hiroshima Girl Got Married", "Where Are They Now",
"Calendar of Times","El campo del dueño",
"Castilla es ancha",
La última poesía cubana, Hispanova, Madrid.

1974   "Un dar tan grande", "En nada pido", "En el
silencio de las distancias", "En selva reducida",
Círculo poético, Troy, New York.

1974   "Sound and Time", "Sonnet to the Cuban
Militiawoman", "Ode to the Workers of The
Remington Typewriter Plant", "I Will Write a
Hundred Poems", "The Rich Man".
Traducidos al inglés por Luis González-Cruz.
Latin American Theatre Review,
Vol. II, No. 4, Primavera-Verano.

1976   "En castellano humor de un bogotano".
       Poema convidado. Traducido al portugués por
       Teresinka Pereira, (Enero)
1976   "A tales horas", "Habla en la pausa", "Del trópico
       introverso", **Círculo poético,** Troy, New York
1976   "Irme yo de ti para no irme",
       Azor, Barcelona, Julio-Sept.
1977   "Hambriento estoy como un ladrillo hambriento",
       "En círculo con tinto", "Espiral que ya sabe su misterio"
       La prensa, La Paz, Bolivia. (Agosto)
1978   "Irme yo de ti para no irme",
       Antología hispano-americana,
       Editorial Bonarense, Argentina.
1979   "A tales horas", "Si yo lo creo así", "Clavado en
       altitudes yo me encuentro", "Irme yo de ti para no irme",
       En Rojo, Puerto Rico (Abril)
1980   "El campo del dueño". "El Sil a cada paso", "Castilla es
       ancha", "Madre," "A mi madre en largas pausas",
       "Irme yo de ti para no irme", "Hambriento estoy como un
       ladrillo hambriento", "Paleolítico interior", "Cuerpos
       abstractos",
       Poesía compartida, Ultra Graphics, Miami, Fl.
1980   "Paleolítico interior",
       Mele, Honolulu, Hawaii (Diciembre)
1982   "Vacío estoy del verso y del poema",
       Mairena, Puerto Rico (Verano)
1982   "La poesía", **Poetry 29,** Colorado, (Septiembre)
1983   "Del trópico introverso", **Mele,** Honolulu (Noviembre)
1984   "De nada vale", **Mairena,** Puerto Rico (N. l8)
1984   "Que solo estoy, que acompañado ando", **Q-2l**
1987   "Cordón umbilical", **Círculo Poético**
1987   "Cuerpos abstractos",
       Invitación a la poesía,
       Editor Interamericano, La Plata- Buenos Aires
1988   "Escritura", **Letras de Buenos Aires,**
       Buenos Aires, Argentina (Abril)
1991   "El ojo deshabitado",
       Letras de Buenos Aires,
       Buenos Aires, Argentina (No. XXI)
1991   "El canto del átomo", "La voz de la furia",
       Ometeca, (Vol. 22)
1994   "Conjuro", "Dúo", "Baciu", **Mele**

INDICE